U0796973

走进梦里
弗洛伊德

Sigmund
Freud 1856-1939

高地 著

时事出版社

图书在版编目（CIP）数据

走进梦里：弗洛伊德 / 高地著. -- 北京：时事出版社，2014.9

ISBN 978-7-80232-750-4

Ⅰ.①走⋯ Ⅱ.①高⋯ Ⅲ.①弗洛伊德，S.（1856~1939）-心理学-思想评论 Ⅳ.①K84-065

中国版本图书馆 CIP 数据核字(2014)第 191010 号

出版发行：时事出版社
地　　址：北京市海淀区巨山村 375 号
邮　　编：100093
发行热线：(010)82546061 82546062
读者服务部：(010)61157595
传　　真：(010)82546050
电子邮箱：shishichubanshe@sina.com
网　　址：www.shishishe.com
印　　刷：北京市业和印务有限公司

开本：787×1092 1/16 印张：16 字数：205 千字

2014 年 9 月第 1 版 2014 年 9 月第 1 次印刷

定价：29.80 元

(如有印装质量问题，请与本社发行部联系调换)

前言

preface

洪荒时代，人们懵懂无知，虽然有了一些智慧，但是对于自己所生活的世界依旧一无所知。

终于有一天，一个人抬头仰望星空。

星空每个人都看过，以前没人会为这种司空见惯的东西费脑筋。但这个人不同，他面对着浩瀚的星海，心中突然涌出一个念头：那里究竟有什么？

那里究竟有什么？

这个简单的问题，开启了人类探索世界的智慧之门。在之后很长一段时间里，人们顺着这个问题一路探索，终于发现了关于宇宙的奥秘。

而那位第一个仰望星空的人，虽然他对于星空的了解可能并不多，但是他却是一个先驱者。心理分析学派创始人弗洛伊德，就是这样一位伟大的先驱者。

美国心理史学家柏林曾经说:“谁如果想要在今后3个世纪内写出一部心理学史，而不提到弗洛伊德的名字，那么就不能说是一本完整的心理学史。”事实上，不只在心理学领域，对于整个西方社会的发展，弗洛伊德这个名字也曾是个具有重大影响力的历史称谓，他所写的《梦的解析》一书，曾经被誉为“改变人类历史的书”之一。有人甚至将哥白尼的《日心说》、达尔文的《物种起源》和弗洛伊德的《梦的解析》列为西方人类三大思想革命。这是对弗洛伊德最为崇高的赞誉。

弗洛伊德的伟大之处，在于让人类从理性的层面突围出来，认识到了潜意识的存在，这对于心理学研究而言是一种翻天覆地的转变。

弗洛伊德是一个非常严谨的人，而他的理论，则以此为基础，有理有据，在那个时代非常有说服力。弗洛伊德的理论，整体而言以潜意识作为其理论基础。他花费了毕生精力从事潜意识的科学研究，又发展出一套诠释潜意识的“技能”，从而使“潜意识”这个概念深入人心。今天我们对潜意识或多或少有些理解，这完全要归功于弗洛伊德。

到了弗洛伊德晚年时，他又提出了著名的“本我”、“自我”及“超我”的人格构成说。在他的理论中，认为人的言行受到非理性的影响非常大，否定了人理性和自由的一面。这引起了很大的争议，也让弗洛伊德陷入到困境当中。但是他矢志不渝，仍然我行我素地朝着自己的目标迈进，最终，又创造出了惊人的成就……

如果以我们今天的视角来看弗洛伊德的理论，或许并不是一种最完善、最先进的心理学思想，但是伟大的理论之所以是伟大的，并不仅仅是因为它的正确性，还因为它为后世的研究奠定了基础，如弗洛伊德的“潜意识”概念会一直存在。后世的理论家如果想要开拓出新的领域，那么首先研究弗洛伊德的理论是必经之路。你可能支持它或者批判它，但无论如何，你没有办法无视它，这就是弗洛伊德的成功之处。

仅用寥寥数百字是无法全面展现弗洛伊德一生的，如果对弗洛伊德有兴趣，不妨读读《走进梦里：弗洛伊德》，感受大师的传奇。

目录

contents

第一章　少女杜拉

一个患有严重精神病并且抗拒治疗的少女，一个关系错综复杂的不正常家庭，弗洛伊德如何在重重迷雾中找到诱发心理疾病的真正根源？又如何帮助少女走出梦魇，回归平静的生活？这本身就是一个棘手的问题。在治疗过程中，弗洛伊德更像是一个经验丰富的侦探，有一双敏锐的眼睛，可以洞悉现象背后的真实。在历史上，很少有如此扑朔迷离的治疗案例，所以，这个少女杜拉的故事才显得如此不凡。

第二章　活在梦中(一)

梦境中的一切都如此虚幻而真实，我们的内心，究竟想通过梦境告诉我们什么呢？梦境中出现的事物又到底寓意着什么？这一切引起了弗洛伊德的重视，他开始研究梦境，做起了“释梦”的工作。谁知，在研究梦境的过程中，弗洛伊德发现了埋藏在人类内心的更多秘密……

第三章　活在梦中(二)

关于梦境，弗洛伊德的研究还未停止，他试图通过梦境抵达人类心灵的最深处，去探寻那里的秘密。但是，在一层层拨开梦的迷雾之后，弗洛伊德所看到的是——自己儿时的情景。原来，几乎所有的梦境，都与儿时的经历有关，这让弗洛伊德不得不回到从前童年时的场景……

第四章　青年弗洛伊德

伟人在成为伟人之前，也有过青涩的岁月。在那段岁月中，他们也曾为了生活而奔波，为了爱情、婚姻而迷乱，为了前途、生计而求索……弗洛伊德也曾经是一个如此平凡的人。他所经历的情感纠葛、人生起伏，与其他人并无二致。那么，他又是如何冲出平凡，走向成功的呢？这是我们这一章所要思考的问题。

第五章 日常生活与心理

口误、笔误、突然间的遗忘，这些日常生活中经常会经历的小事，到底是纯粹的偶然，还是在某种心理作用下的必然？对于这个问题，弗洛伊德展开了思考。在弗洛伊德之前，很少有学者会将目光放到如此琐碎的事上，但是等弗洛伊德通过琐事获得重大发现之后，世人才恍然大悟——原来，真理就在身边……

第六章 弗洛伊德与荣格

1906 年，瑞士精神分析学家荣格以及他的门生们宣布放弃自己的旧有学说，赞成弗洛伊德的方法和结论。作为心理学历史上两位赫赫有名的大人物，弗洛伊德和荣格的相遇如同彗星撞月球，掀起了威力巨大的“冲击波”。而他们两人长达 20 年的恩恩怨怨，也就此开始……

第七章　战争中的弗洛伊德

洞悉了人类心理所有秘密的弗洛伊德，却始终没能搞明白战争为什么会爆发。在他的晚年，第一次世界大战爆发。而一生辉煌的弗洛伊德，在战争中就如同是一片飘零的叶子，无法主宰自己的命运。但即便在这样的情况下，他还是做出了一些惊人的事情……

第八章　弗洛伊德最后的时光

谁也没想过大思想家弗洛伊德的人生会与“二战恶魔”希特勒有什么联系，但这种联系确实产生了，而且产生的时间很早。最终，希特勒成为了弗洛伊德的“魔星”，弗洛伊德的后半生，因为这个“魔星”的存在，完全改变了模样……

第一章

少女杜拉

一个患有严重精神病并且抗拒治疗的少女，一个关系错综复杂的不正常家庭，弗洛伊德如何在重重迷雾中找到诱发心理疾病的真正根源？又如何帮助少女走出梦魇，回归平静的生活？这本身就是一个棘手的问题。在治疗过程中，弗洛伊德更像是一个经验丰富的侦探，有一双敏锐的眼睛，可以洞悉现象背后的真实。在历史上，很少有如此扑朔迷离的治疗案例，所以，这个少女杜拉的故事才显得如此不凡。

奇怪的少女患者

1898 年夏季，弗洛伊德坐在维也纳柏格街 19 号的办公室里，等待病人上门找他治病。

柏格街是典型的维也纳式街道，街道两旁是 18 世纪建造的住宅，大多数是二层小楼。街道上零星分布着几家店铺。弗洛伊德办公室的楼下就有一家屠宰店。

屠宰店的主人叫西格蒙德，而弗洛伊德的全名是西格蒙德·弗洛伊德，两人的名字是相同的，所以 19 号楼的门牌上，就出现了这样的内容：屠夫西格蒙德；医学教授西格蒙德。

一层是屠夫，二层是医生，这种对比充满了戏剧性。

弗洛伊德住在 19 号楼 2 层的三居室里。1892 年，他搬到了这里，开了一家心理诊所，为各种患者治疗心理疾病。

今天，弗洛伊德等的这位患者叫杜拉，是一个严重的心理疾病患者。虽然杜拉年纪不到 20 岁，但是精神病史却很长——从 8 岁开始，她就有严重的心理障碍。她的精神疾病甚至引起了生理方面的不适反应，如慢性呼吸困难。

对于这种由心理疾病转化为生理不适的情况，近代医学界将其称为“歇斯底里症”。所谓的“歇斯底里”，在希腊语中的意思是“子宫乱窜”，这种病之所以有这么一个怪名字，是因为古代医生们认为“子宫在体内乱窜”才导致了歇斯底里症的发作。这种认识显然是错误的，不过由于歇斯底里症的患者大多是女性，所以在很长一段时间，人们始终“保持着”错误的看法。

但弗洛伊德不这么认为，在他看来，心理疾病转化为生理不适的状况，不仅仅会出现在女性身上，也会出现在男性身上，而且其烈度也比人们想象中的更高。弗洛伊德在考察中发现，澳大利亚的土著人有一种神秘的杀人方法，名叫“骨指术”。巫师们用人骨和头发制成“杀人骨”，土著人相信，这根骨头有神秘的力量，只要被它指到，人就会死去。在我们看来，这纯属无稽之谈。但是当地人却坚信这根骨头能杀人，直到近代，依然有一个叫做吴鲁穆的人被骨指术杀死。弗洛伊德认为，这其实是一种靠心理暗示杀人的方法。由于人们相信它可以杀人，所以被指到之后，会产生极端恐惧的心理，最后因过分恐惧而死亡。也就是说，严重的歇斯底里症，会致人死亡。

当时，治疗歇斯底里症的主要方法是“催眠”。

催眠疗法中，医生会让患者凝视一个光亮的、无生命的物体，比如怀表之类，让患者精神变得高度集中，然后通过医生的主动暗示，让患者的自主判断、自主意愿行动减弱或丧失，感觉、知觉发生歪曲或丧失。此时，他们会服从医生的暗示或指示，做出反应。

被催眠的患者，看起来是“睡着了”，但是绝不是进入到了睡眠状态中。催眠和睡眠的差别在于，人在睡眠时，基本上是无意识的；但是人被催眠后，他们的潜意识非常活跃。催眠师可以通过“检视”患者的潜意识，找到产生歇斯底里症的心理根源。

弗洛伊德与布罗伊尔合著的《歇斯底里的研究》一书认为，歇斯底里症状是由于当事人压抑受创伤的经验而致。人的一生总会遇到一些让自己情绪失控的事件，譬如极度惊慌、悲痛、狂乱等。一般来讲，强烈的负面情绪会被时间冲淡，人会慢慢的从负面的情绪中走出来。但是对于有些人来讲，这种负面情绪却是挥之不去的，创伤经验及其所伴随的情感会成为他们心灵中的“异物”，就如同是郁积在皮肤底层、表面上看不出来的“脓疡”，而歇斯底里症状就好像“脓疡”引起的红肿热痛。弗洛伊德认为，通过催眠疗法找到患者心中负面情绪的来源，就如同是切开皮肤找到“脓疡”，将被压抑的情绪（也可以理解为潜意识）释放到正常意识里，便可减轻或消除症状。

此后，弗洛伊德便开始在自己行医的过程中经常采用催眠疗法，帮助许多精神功能症患者记忆起业已遗忘的、令其不安的事件。然后“对症下药”，进行心理干预，治好了不少歇斯底里症患者。

那位从小深受歇斯底里症折磨的杜拉，她的父亲是一位事业有成的绅士，与弗洛伊德熟识，所以决定带着女儿去找弗洛伊德，希望他可以治好女儿的病。

而杜拉本人，对找医生这件事情非常抵触，一直以来，她只相信自己的家庭医生，对于其他医生则充满了怀疑和不屑，还经常讥笑那些来给她看病的医生都是些无能之辈。一开始杜拉拒绝见弗洛伊德，但在父亲的坚持下，她只好很不情愿地答应了。

当杜拉跟在父亲身后，走进弗洛伊德的办公室时，她第一次见到了这位大名鼎鼎的心理学家。

当时弗洛伊德 40 多岁，由于保养得当，所以看起来要年轻几岁。他长着茂盛的络腮胡子，但奇怪的是，这胡子非但没有使弗洛伊德看起来很粗鲁，反倒因为修剪得当、颜色花白，为他增加了几分学者气质，再加上弗洛伊德那双闪动着智慧火花的明眸，人们仅从外表上就能感觉到此人是一个颇具智慧的人物。

弗洛伊德穿着一身剪裁得体的西装，整个人看起来非常精神。他的坐姿很正，身板挺直，颇具权威感。

虽然弗洛伊德给杜拉留下了不错的第一印象，但是她依旧对这个医生没什么好感。杜拉知道，自己的“症结”在心里。任何一个正值青春期的少女，都会对那些试图窥探自己内心隐秘的人充满警惕甚至是敌视。所以，当父亲向弗洛伊德叙述她的病情时，杜拉一言不发，冷眼旁观。

复杂的家庭

在杜拉父亲描述下，弗洛伊德对他们一家的基本情况有了一些了解。

杜拉一家有四口人，父亲、母亲、杜拉和杜拉的哥哥。

杜拉的父亲是一位非常聪明的人，就连弗洛伊德也承认这一点。他不到40岁，但是已经拥有了一家运转良好的大企业，是个不折不扣的成功者。

在家中，杜拉的父亲拥有绝对的权威，杜拉对父亲更是百依百顺。

杜拉6岁的时候，他的父亲患上了肺结核。为了尽快康复，杜拉的父亲决定搬到一个空气良好的小城——B城去住。

在B城，杜拉一家的生活很美满。杜拉的父亲有时候会到工厂区巡视一番，其他时间都和家人在一起。到了夏天天气炎热的时候，他们一家则会到山上的避暑胜地去度假……

但是到了杜拉10岁的时候，她的家庭发生了一些变故——杜拉的父亲被诊断出患有视网膜脱落症，最后虽然病治好了，但是视力却受到了永久的损伤。

接二连三的疾病，给杜拉的父亲造成了极大的精神压力，他开始出现轻微的精神错乱。在朋友的介绍下，杜拉的父亲找到了弗洛伊德，而弗洛伊德则“妙手回春”，很快就治好了他的病。

在杜拉父亲生病的这段时间里，杜拉的母亲也开始变得“不太正常”。她几乎把自己所有的精力都放到了家务事上，每天为了保持家居的清洁而忙碌——杜拉家的家具被杜拉母亲清洗到几乎使人不忍心去使用的地步。在弗洛伊德看来，这种超乎寻常的举动，属于强迫症的一种——洁癖心理。

由于太过醉心家务，杜拉的母亲疏忽了与女儿之间的沟通。到最后，她与杜拉的关系变得非常恶劣。杜拉非常瞧不起自己的母亲，经常用一些刻薄的语言批评母亲。每当杜拉与母亲产生冲突的时候，杜拉的哥哥就会站出来，以兄长的身份教训杜拉一番。

杜拉的哥哥比杜拉大一岁。作为家里的长子，他虽然不愿意卷入母亲与妹妹的家庭纠纷当中，但是在很多时候却无法置身事外。而每当需要他做出表态的时候，他总会站在母亲一边。所以，杜拉的家庭呈现出这样一种局面——杜拉和父亲比较亲近，哥哥和母亲是“一伙”的。

在了解了杜拉的家庭之后，弗洛伊德对杜拉的病情也有了更清晰的认识。首先，杜拉的双亲都有心理方面的问题，这使得杜拉的患病概率和病情的严重程度大大增加。其次，由于杜拉的家庭环境非常复杂，所以杜拉的心理问题很可能会在这样的环境中进一步加剧。所以，弗洛伊德建议杜拉马上进行心理治疗。

对于弗洛伊德的建议，杜拉再次表现出了她对医生的不信任和轻视。她说自己虽然有时候会不舒服，总是咳嗽，但是这些病情总会自然地消失，所以就不需要医生“劳心”了。

弗洛伊德与杜拉的第一次会面，就这样无果而终了。虽然只是一面之缘，但是杜拉无疑给弗洛伊德留下了深刻的印象。

杜拉回到家之后，开始重复自己以往的生活。次年，杜拉最敬爱的姑母去世了，这让杜拉感到无比伤心。

杜拉的姑母是杜拉父亲的姐姐。她去世的原因，用弗洛伊德的话说就是:“在婚姻生活不美满的压力之下，患上了营养不良症，死于消瘦。”

姑母死后，杜拉去维也纳吊唁。之后，她留在了那里，和自己的堂妹们住在一起。但很不幸的是，杜拉又患上了盲肠炎，所以只好再次回到那个她并不是十分喜爱的家庭里。

数月之后，杜拉的父亲病情有所好转，所以他们一家人离开了 B 城，搬到了维也纳去定居。

此时的杜拉，正值 18 岁花样年华，她的生活本该充满欢乐。但事实却并非如此，她与家人的关系进一步恶化，不仅与母亲关系恶劣，对待父亲的态度也很不友善。

杜拉的母亲——那位有洁癖的家庭妇女，希望女儿能和自己一起打理家务，但是杜拉却很抗拒参与到母亲的“事业”中，这是母女冲突的一个重要原因。至于杜拉为什么突然对父亲也开始产生了抵触情绪，则让人琢磨不明白。要知道，此前杜拉与父亲的关系还是很不错的，为什么会突然一百八十度大转弯呢?

除了与家庭的关系不那么和谐之外，杜拉还拒绝参加大多数社交活动，这对于一个美丽、聪慧的少女而言，是很反常的事情。

有一天，杜拉的父亲在书桌上发现了一封信，这封信是杜拉写的，她在信中说，自己已经完全厌恶了当前的生活。

杜拉的父亲对于自己的女儿还是比较了解的，他知道杜拉并没有严重的自杀倾向，所以杜拉虽然对生活有诸多不满，但还不至于到了覆水难收的地步。可是接下来发生的事情，却让他意识到事情的严重性……

有一天，父亲与杜拉正在谈话，说着说着，杜拉突然开始神志不清，过了一会儿，她居然丧失了记忆。见此情况，父亲很着急，他不顾杜拉的反对，将她送到了弗洛伊德那里，接受治疗。

K先生一家

弗洛伊德再次见到杜拉，心情很不错。

对于杜拉的病情，弗洛伊德其实已经有了一定的了解，他认为这个少女的症状是最为典型的歇斯底里症的表现——呼吸困难、神经性咳嗽、失声、偏头痛以及忧郁歇斯底里性的反社交性。

弗洛伊德治愈过不少比杜拉更为严重的病人，也见过不少“更有趣”的歇斯底里症案例。但是杜拉的到来，依然让他觉得充满了挑战性，因为这一次弗洛伊德要尝试用一种全新的方法——精神分析法，来为病人治疗歇斯底里症，而这种方法是前人从未使用过的，是弗洛伊德的首创。

希望各位读者可以记住“精神分析法”这个词语，因为正是因为它，弗洛伊德才跻身于心理学大师的行列，而且，我们今天所有的心理疗法，都或多或少的受到了精神分析法的影响。而杜拉，这位最典型、最普通的歇斯底里症患者，则成为了弗洛伊德验证、完善自己学说的第一个对象。

所谓的精神分析法，指的是“把来访者所不知晓的症状产生的真正原因和意义，通过挖掘潜意识的心理过程将其招架到意识范围内，使来访者真正了解症状的真实意义，便可使症状消失”。

简单来说就是，心理疾病都是有原因的，生活中的某件事、某个人，对患者的心理造成了一定的影响，就可能导致心理疾病的产生。而患者本人，则未必知道自己的病症是由哪件事、哪个人引起的，所以患者无法实现自我治愈。而医生要做的事情就是，帮助患者找到诱发疾病的那件事、那个人，告诉患者。这相当于解开了患者的一个心结，心结一解，患者靠着自身的“能量”，就可以抗拒疾病的产生。这就如同某些药物治疗病毒性感冒一样，药物本身并不具备抗病毒的能力，它只不过是激活了人体抗体的活力，然后人体自身就可以杀死那些病毒了。

说起来容易，做起来难。弗洛伊德如果想要帮助杜拉指出是哪些事情、哪些人造成了她的心理疾病，首先就要尽可能详细地了解这位少女身边有哪些人，这些人与少女之间又发生了哪些事情？这涉及到一个人的隐私，一个少女的隐私，想要得悉，恐怕并不容易。

但弗洛伊德是个幸运的人，因为他遇到了一个明智的父亲。

杜拉的父亲知道，越多地向弗洛伊德透露关于杜拉生活的细节，治好女儿的病就越有希望。更重要的是，他是一个非常智慧的人，隐隐约约地知道是哪些人、哪些事情对女儿造成了影响。所以，这位睿智的中年人，向弗洛伊德讲述了一个非常重要的生活故事：

杜拉一家在 B 城生活的时候，结识了当地的一个家庭。为了保护他人的隐私，弗洛伊德在自己的著作中将这个家庭的两个成员分别称呼为“K 先生”和“K 女士”。

K 先生年纪可能比杜拉的父亲要小一些，是个颇有风度的成熟男士。

K 女士是 K 先生的妻子，容貌漂亮，很有爱心。

在 B 城生活的那段时间，杜拉一家与 K 夫妇的关系非常好。由于杜拉的父亲有病在身，而杜拉的母亲又是一个重度洁癖者，把所有的时间都放到清扫家居上，根本没有心思照顾丈夫，所以 K 女士在杜拉父亲生病的这段时间里，就一直抽时间来照顾杜拉父亲。杜拉父亲病情好转之后，对 K 女生非常感激，经常说她是自己的救命恩人。

K 先生对杜拉很好，经常会给杜拉一些小礼物。由于两个人的年龄差距比较大，所以人们都认为这是一种长辈对晚辈的关爱，没觉得有什么不妥。

杜拉呢，则投桃报李，经常帮助 K 先生照料他的两个孩子，几乎达到了母亲的地步。

两家的关系如此和谐，不能说是一件坏事。他们两家还决定一起到阿尔卑斯山下的一个湖边去度假。这次度假的时间，就是在杜拉与弗洛伊德第一次见面后不久。

两家人最初的度假计划是这样：一起去，然后杜拉的父亲会早一点回来，因为他还有事情要忙。而杜拉呢，则跟 K 先生一家在那里继续玩几天，然后跟着 K 先生一家回来。

在阿尔卑斯山下，两家人玩了几天之后，杜拉的父亲按照原计划准备回家。正当他收拾行李的时候，杜拉来了，对他说："我要和你一起回去。"

当时杜拉的父亲并没有觉得杜拉突然改变行程有什么奇怪的，毕竟少年人善变，可能仅仅是因为她不想再玩下去了，所以杜拉的父亲也没多想就带着杜拉回家了。

回到家的两个星期之后，杜拉才对母亲说出了她突然修改行程的原因——K 先生对自己实施了性骚扰！当然，杜拉没让 K 先生得逞，还当场给了对方一个耳光，然后转身离开。

杜拉的母亲得知此事后，马上告诉了杜拉的父亲。

一个父亲，听说自己的女儿被自己朋友侵犯，一定是非常愤怒的。但是杜拉父亲的表现却似乎不那么激烈，他只是在数日之后见到 K 先生时，才询问 K 先生"为什么要做出这种事情"。

面对杜拉父亲的质问，K 先生坚决否认自己曾经对杜拉有过不轨的行为。他还分析说：杜拉在度假的时候，经常会看一些关于性爱方面的生理学书籍，她很可能是因为阅读而产生了兴奋，进而出现了“幻想”。

现在，一个重要的问题摆在了杜拉父亲的面前——女儿和K先生，谁说的话是真的呢?

更多的秘密

在杜拉控诉了K先生对自己的侵犯之后，杜拉要求父亲与K先生一家断绝关系，不相往来。而杜拉的父亲，则无法断定女儿说的到底是不是真话，一时无法做出抉择。

从内心而言，杜拉的父亲其实更倾向于“女儿陷入幻想”这种说法。他之所以会有这样的倾向，可能有两个原因:

第一，女儿本来就有一些精神方面的问题，所以很可能出现幻想。

第二，他从内心不愿意与K先生一家，尤其是K女士绝交。

杜拉父亲在叙述此事时，对弗洛伊德说:“我和K女士有可贵的友谊，我不愿意让她痛苦。”接着，他又补充说:“那个可怜的女人（K女士），跟他丈夫（K先生）在一起是最不幸的。我们（指自己与K女士）是同病相怜。”

由于杜拉父亲不愿意放弃与K女士的可贵友谊，所以杜拉接二连三地去给父亲施加压力。终于有一次，当父女两人又谈及此事时，杜拉出现了之前说的那个症状——先是神志不清，接着又丧失记忆。这也是杜拉第二次来找弗洛伊德治病的原因（虽然两次她本人都不愿意）。

弗洛伊德在听了杜拉父亲的描述之后，对于杜拉所处的环境有了清晰的认识。而且，他知道，杜拉的父亲虽然已经尽量全面地描述这件事情，但是他并没有说明全部的真相。弗洛伊德敏锐地感觉到：第一，杜拉父亲和那位K女士的关系，并不是简单的“珍贵友谊”那么简单；第二，杜拉父亲说自己认为杜拉关于K先生骚扰她的控诉是“幻想”，但事实恐怕并不是这样。也就是说，有更多真相需要弗洛伊德自己去挖掘，这些真相与杜拉的病情有直接的关系。

最终，帮助弗洛伊德解开真相的人，是杜拉。

杜拉原本对所有的医生都缺乏信任，不愿意与他们合作。但是现在父亲将一些关于自己的事情都告诉了弗洛伊德，她觉得有些事情既然都已经说出来了，就没有必要再继续隐瞒。而且，她也迫切地想向弗洛伊德证明，自己关于K先生实施性骚扰的记忆，并不是像父亲所说“是杜拉的一种幻想”。为了证明自己没有信口开河，杜拉向弗洛伊德叙述了另外一件事情。

这件事情发生在杜拉14岁那年，当时杜拉一家与K先生一家已经建立了友谊。

在一个下午，K先生约杜拉以及K女士在自己的办公室会面，准备一起去参加一个教堂的活动。

下午杜拉如约来到K先生的办公室，但却发现K女士并没有来。原来，K先生临时劝说K女士留在了家里。更为反常的是，在杜拉来到K先生的办公室之前，K先生还遣走了他所有的雇员。当杜拉到了之后，发现办公室里只有她和K先生两个人。

当杜拉和K先生准备离开办公室的时候，K先生突然抱住了杜拉，并在杜拉的嘴唇上吻了一下。

作为一个14岁的少女，乍然与成熟的异性男子发生亲密的接触，肯定会产生一些抵触的情绪，杜拉的抵触情绪尤其强烈，在被吻到嘴唇的那一瞬间，杜拉产生了剧烈的厌恶感，她将K先生推到一边，然后跑出了办公室……

从那以后，杜拉就开始刻意与K先生保持距离，但是关于K先生强吻自己的这件事情，她没有向任何人说起过。弗洛伊德是第一个知道此事的“第三者”。

通过杜拉的叙述，弗洛伊德更加确信这个女孩确实是一个歇斯底里症患者。因为弗洛伊德认为：“如果一个人在性冲动的场合，感觉是大部分或者全然地不愉快，那么此人一定是歇斯底里的。”

那么，杜拉对K先生“完全的厌恶感”是因何产生的？难道是因为杜拉非常厌恶K先生这个人？弗洛伊德意识到，事情恐怕没那么简单。所以他在接下来的治疗过程中，就如同一个喜欢打听家长里短的妇人一样，询问了杜拉许多比较隐秘的私事。

在之后的几个月时间里，弗洛伊德与杜拉数次长谈。他逐渐赢得了杜拉的信任，所以从杜拉口中得悉了更多的秘密。

杜拉认为，父亲和K女士之间，是情人关系。她举了几个例子来证明自己的观点：

第一，K女士和父亲总能找到单独见面的机会。这是他们刻意安排好的。

第二，自从K女士与父亲相识之后，K女士的消费能力就超出了她的经济实力，杜拉认为父亲一定是给K女士钱了。

第三，自从K女士与父亲相识之后，她的健康状况就大为改善。K女士曾经是一个病怏怏的女人，但是现在却健康活泼。杜拉认为，这是“爱情的力量”。

第四，杜拉的父亲病好了之后，就带着一家人离开了B城。但是杜拉发现，父亲经常会以“忍受不了维也纳的天气，要回B城待一段时间”为由，回到 B 城。杜拉认为父亲的真实目的是与住在 B 城的 K 女士约会。

不得不说，杜拉是一个聪明的女孩。她敏锐地捕捉到了一些生活的细节，得出了合乎逻辑的结论。

对于杜拉的结论，弗洛伊德是赞同的。事实上，他早就从杜拉父亲的叙述中，判断出杜拉的父亲与 K 女士之间的关系绝对不同寻常。人们为什么排斥心理医生？就是因为他们能从你的话中“听到”那些你本不愿告诉他们的事情，即便是聪明的杜拉父亲，也无法避免。

在弗洛伊德看来，杜拉的父亲与 K 女士之间的特殊关系，很可能是杜拉心理疾病的病因。

弗洛伊德曾经提出过一个非常重要的心理学概念——“厄勒克特拉情结”。

厄勒克特拉是古希腊神话中的一位女性角色，她的母亲与情人谋杀了她的父亲，所以她决心替父报仇。最终，她杀死了自己的母亲。

弗洛伊德之所以用“厄勒克特拉”为这个心理学概念命名，就是因为“厄勒克特拉情结”指的是女性的恋父心理。

弗洛伊德认为，在孩子性心理的发展过程中，最先要在亲近的异性家长那里得到满足：女儿会对父亲产生爱恋，爱父嫌母，这就是“恋父心理”。一般而言，女孩在 3~5 岁时常常会表现出不同程度的恋父烦母，但这种现象大多会随年龄的增长而逐渐消失。如果到了青春期前，女孩子还表现出对父亲的情爱独占欲，就是一种心理疾病了。

女孩的恋父情结，多发生于父女过于亲近、母女亲近不足的家庭。杜拉的家庭完全符合这一条件，我们之前就说过，她从小与父亲比较亲近，与母亲的关系恶劣。

有恋父情结的女孩，一般会表现得比较内向，且多有娇气、刁蛮、任性的个性。从杜拉的表现来看，也符合这几个特点。她很内向，不愿意参加社交活动，而且也有刁蛮任性的一面。

如果杜拉真的是一个有恋父情结的女孩，那么很多事情就可以解释了。

首先，杜拉对 K 先生的“求爱行为”表现得如此厌恶，是因为她心中已经有了所爱的人——他的父亲。

其次，杜拉为什么一开始和父亲关系很好，而到后来却开始故意与父亲作对？是因为她知道父亲与 K 女士的不寻常关系之后，表现出来的一种逆反情绪，是对父亲“不忠”的报复。

最后，杜拉为什么要逼迫父亲与 K 女士、K 先生一家绝交？显而易见，是为了让父亲远离 K 女士，“独霸”父亲的爱。

一系列的结论，看起来都无比正确。但弗洛伊德是否会因此而下定论呢？

杜拉与 K 先生

虽然种种迹象表明，杜拉具有比较严重的“厄勒克特拉情结”，她种种“反常”的心理状态正是由其引起。但是弗洛伊德却没有急着下结论，他敏锐地察觉到了整个事件当中的一个疑点——杜拉的父亲为什么对于 K 先生和杜拉之间的纠葛显得如此漠不关心？

要知道，在 K 先生骚扰杜拉的事情被公开之前，K 先生就表现出了一些异常的行为。他几乎每天都会送杜拉一束花，还时不常地送杜拉一些其他贵重的礼物。如果说这是一个长辈对晚辈的关爱，恐怕也太过殷勤了吧！

难道杜拉的父亲就没有觉得这是不正常的？他怎么能够容忍朋友这样“招惹”自己的女儿？这都是非常可疑的。

弗洛伊德根据目前掌握的一些事实，给出了一个惊人的判断：整个事件，是K先生和杜拉父亲的一场“交易”。

首先，杜拉的父亲与K女士之间存在着非同一般的个人关系。对于他们之间的这种关系，K先生一定是知道的。

其次，K先生试图追求杜拉。按照道理说，杜拉的父亲也应该对此有所察觉，并做出相应的反应，但是他没有。

最后，杜拉的父亲之所以不阻止K先生的越轨行为，是因为他一旦这样做，那么他和K女士之间的特殊关系，一定会遭到K先生的强烈反对。

所以这两个男人之间，达成了一种默契，即K先生默许杜拉的父亲与K女士保持恋爱关系，而相应的条件是，杜拉的父亲也不许干涉K先生追求杜拉。

这就是两个男人之间交易的内容。这种交易可能没有出现在“口头”上，而仅仅是一种“默契”，但是它确实是存在的。

故事讲到这里，读者们可能会对杜拉报以同情，因为她所处的环境实在是太过“恶劣”——自私的父亲，心怀不轨的朋友，只顾着满足自己洁癖爱好的母亲，还有种种处于道德边缘的危险关系。这一切的一切，都是促成少女杜拉心理疾病的根源。

人为什么会生病？其实就是因为特异的环境。外在的特异环境，会导致人生理上的疾病。如寒冷导致了感冒、燥热导致了中暑症。而内在的特异环境，则导致人心理上的病机，任何一个心理疾病患者，他所处的内在环境都肯定存在问题——不正常的家庭、不正常的人际关系等等，都是心理疾病产生的根源。

杜拉的不幸，很大程度上是因为“遇人不淑”。她的父亲，她的母亲，她生活圈子里的人，“合力”酿成了杜拉的悲剧。试想一下，一个花季少女，在得知自己成为了父亲求爱的牺牲品时（事实上，聪明的杜拉在弗洛伊德点破真相之前，就对自己的处境有所了解），她内心会是怎样的感受?

这也是弗洛伊德正在考虑的问题。如果按照一般的观点来看，杜拉在得知自己成为了父亲出轨的筹码之后，心理一定会遭到严重的冲击，这也可以解释她心理疾病发生的原因。但事实就是这么简单吗? 弗洛伊德认为不然，因为他发现了杜拉身上的几个疑点。

在与杜拉交谈的过程中，弗洛伊德得到了以下信息：杜拉之前与K女士一家都保持着良好的关系，她还经常为K女士一家照料孩子，这是我们之前提到过的。更令人感到怀疑的事实是，在最初的时候，每当父亲去找K女士，杜拉就绝对不会同时去看她。而且，每当父亲到了K女士的家，K女士家的两个孩子被“赶出家门”的时候（至于为什么被赶出去，显而易见，不言自明），杜拉还会主动去找那些小孩，陪他们一起散步!

在杜拉父亲与K女士发生亲密关系之后，杜拉家的一个女家庭教师发现了这件事情。这位女家庭教师曾经刻意挑拨杜拉反对父亲与K女士之间的关系。但是聪明的杜拉马上就意识到，女家庭教师之所以这么做，是因为她也喜欢自己的父亲，想让杜拉破坏父亲与另一个女人的关系。但是杜拉却毫无反应，这让那位女家庭教师非常失望。

根据种种迹象来分析，弗洛伊德认为：最初的时候，杜拉是支持父亲与K女士交往的。如果这条推论能够成立的话，那么疑问又来了，她为什么要这么做?

对于这个问题，弗洛伊德给出了一个惊人的答案——杜拉爱上了K先生。她本人也卷入到了一场交易中——通过默许父亲和K女士的不正当关系，来换取与K先生相处的机会!

事情越来越复杂了，这四个人的关系变得非同一般，甚至可以说是邪恶——K先生默许了杜拉父亲与自己的妻子“恋爱”，为的是换取自己追求杜拉的机会；而杜拉则是默许了父亲对家庭的不忠，来换取与K先生接触的正当性。当然，这是弗洛伊德根据事实的推测。

当弗洛伊德把自己的推测告诉杜拉之后，杜拉的第一反应是否认，并且对弗洛伊德说："这怎么可能呢？他对我求爱我都拒绝了，我怎么可能爱上他？你为什么这么说？"

对于杜拉的否认，弗洛伊德似乎并不感到意外，他笑着对杜拉说："你曾经说过，你在B城住的那段时间，健康状况时好时坏。有时候会出现咳嗽，甚至是失声。那你告诉我，你每次发病间隔的时间有多长？"

杜拉回答说："3~6个星期，也许。"

弗洛伊德接着问："那个时候，K先生总是要去出差，他出差的间隔是多久？"

听到这个问题，杜拉仿佛愣住了，过了一会儿，她才低声说："3~6个星期。"

弗洛伊德反问道："那你认为这是一种巧合？"

杜拉没有说话。

弗洛伊德又接着说："那我们来谈一谈K女士，毫无疑问，她不是好妻子，也不是个好母亲。是吗？"

杜拉回答道："她总是把自己的孩子晾到一边，自己则去做龌龊的事情！"

弗洛伊德说："所以，你表现得和她完全不同。她对自己的孩子冷漠，所以K先生不喜欢这样的女人，与她的关系很恶劣。而你则担负起了照料他们孩子的义务。事实上，这暴露了你内心中的一些东西。当然，这并不能说明全部问题。我们再来说说你的失声症状。"

弗洛伊德说这些话的时候，杜拉一言不发，低头沉思。弗洛伊德没有理会她在想什么，自顾自地说道："很多年以前，我在沙考诊疗中心工作。在那里，我发现了一个状况——那些因为歇斯底里症而失声的患者，他们在失去了语言能力之后，书写能力会大大增强。这件事情很容易理解，只不过是因为生理上的等价需要而已。就好像一个失明的人，他的耳朵一定非常灵敏一样。”

弗洛伊德顿了顿，见杜拉在仔细听自己的话，便问道：“你在失声的时候，也一样善于书写了，是不是？”

杜拉回答道：“是的，写总是很容易的。”

弗洛伊德说：“你知道为什么吗？”还没等杜拉说话，他就直接给出了答案：“每次你总是在 K 先生出差的时候失声，是因为他不在了，你内心感到无比失落，你的潜意识甚至觉得这个人不在了，语言便失去了意义。所以，你‘故意’失去了语言能力。而另一方面，因为 K 先生到了外地，所以你们之间只能通过信件来沟通，所以你的文字能力得到了加强。这一切都是在你潜意识的控制之下。我也因此断定，你的潜意识中，对 K 先生有着很深的感情。你现在直面你的内心，告诉我，我的说法是不是正确？”

杜拉点了点头，她承认，在内心的深处，她对 K 先生其实充满了爱意。

为什么要拒绝

弗洛伊德通过种种迹象，分析出杜拉在内心中其实是爱慕 K 先生的。他的分析也得到了杜拉的认可。但是弗洛伊德认为，自己的分析其实是就事论事，不具有普遍性。并不是说，每一个失声的歇斯底里症患者，都有一个远离他的爱人。也不是说所有的失声症状，都是因为心理原因造成的。杜拉是一个非常特殊的歇斯底里症患者（主要是因为她的“故事”太特殊），她病症的决定性因素也太过复杂，所以弗洛伊德才会如此大费周折地寻找一些比较特殊的分析途径。对于一般的心理疾病患者而言，这是不必要的。

读者读到这里，一定会被杜拉与周围人扑朔迷离的复杂关系所震惊。但是，“故事”发展到这个地步，也只不过是展现出了部分真相，还有许多疑问没有得到解决，例如杜拉既然喜欢 K 先生，为什么要拒绝他的求爱？相信读者心中也一定对此感到迷惑。

事实上，弗洛伊德也无法根据现有的细节，推测杜拉为什么会拒绝 K 先生的求爱。直到他给杜拉治疗的后期，杜拉对他讲述了一件事，才解开了弗洛伊德心中的谜题。

原来，K 先生家中也有一个家庭女教师。与杜拉家的女教师一样，K 先生家的女教师也喜欢上了自己工作的家庭中的男主人。

K 先生不是一个正派的人，他虽然不喜欢这位女教师，但是他知道女教师对自己心怀爱意之后，便将这个可怜的女人玩弄了一番，然后抛弃了他。

虽然被 K 先生欺骗了，但是女教师仍然不甘心，她继续留在 K 先生的家里，希望可以等到他回心转意的那一天。

女教师的坚持，并未让 K 先生回心转意。而不久之后，女教师又发现 K 先生开始追求杜拉。或许是出于好心，或许是为了让杜拉远离 K 先生，女教师把 K 先生曾经玩弄自己的事情告诉了杜拉。这件事发生的时间，正是 K 先生在度假向杜拉求爱前不久。

所以，当 K 先生向杜拉求爱时，家庭女教师的话自然就浮现到了杜拉的脑海中。她虽然喜欢 K 先生，但是害怕自己与那个女教师一样，被 K 先生欺骗，所以她选择了拒绝。

谜团终于揭开了，可怜的少女杜拉，生活在一个充满了背叛、欺骗和不忠的感情世界里。与他关系最近的两个男人——父亲和 K 先生，在道德上都有缺陷。少女杜拉爱着他们，却不能容忍他们的种种行为。而且，这两个男人都严重地伤害了杜拉的感情——她的父亲明明知道 K 先生确实曾经对杜拉求爱，却污蔑杜拉说，那是她的“幻想”。K 先生也是如此，而且，作为一个少女的梦中情人，他的行为是如此的恶劣——先是强吻年少时的杜拉，企图与之发生关系，最后又欺骗爱慕自己的女教师。这件事情传到杜拉耳朵里之后，相信也对她造成了不小的伤害。

扭曲的环境和变态的人物关系，一起发生作用，最终让一个聪明、美丽的少女变成了一个歇斯底里症患者。

当然，杜拉自身的心理原本也存在一些问题。如，她似乎具有比较严重的恋父情结。同时还可能有一定的同性恋倾向，这是弗洛伊德在分析了杜拉与身边同性伙伴的关系之后，得出的一个结论。

总而言之，一个复杂的人，在一个复杂的环境中，遇到了另外一些复杂的人，最后得了一种复杂的心理疾病。

一个人的精力是有限的，就如同一台电脑，不论是多么高级的电脑，能够同时运行的程序也是有限的，如果非要强迫它同时运行太多程序，那么就无法正常的工作。杜拉，就是那台运行了太多程序的电脑。这个可怜的孩子，经历了太多本不是她那个年纪可以承受的事情。

幸好，她遇上了弗洛伊德。弗洛伊德用自己的智慧，找到了杜拉内心深处的秘密。这些秘密是如此的隐秘，甚至连它们的主人也不知道它们的存在，更不知道这些就是折磨自己内心的魔鬼。现在，她终于知道了自己问题的所在，剩下的，就是要靠弗洛伊德的干预和自己的努力，去修正这些问题。

1900 年年末的一天，杜拉再次来找弗洛伊德，向往常一样，弗洛伊德依旧向杜拉分析她的心理。而这一次，杜拉只是静静地听着，不反驳，表情温和。弗洛伊德说完了之后，杜拉站起来，说:“再见，祝您新年快乐!”说罢，她便转身离开了。

弗洛伊德知道，这个少女永远不会再见了。她是个聪明而固执的女孩(事实上，大多数心理疾病患者，都有这两个特点：聪明、固执)，她或许已经找到了“治好”自己的方法。

当然，弗洛伊德很失落，他并没有完全治好杜拉的病。而且，是在最有希望治好的时候，对方终止了治疗。弗洛伊德知道，这是杜拉对他的“报复”，一个少女，不愿意被人完全看破，而弗洛伊德却做到了这一点。所以，杜拉选择在弗洛伊德离最后成功不远的时候，终止治疗，给弗洛伊德留下一些遗憾。

几年后，杜拉结婚了，她的丈夫是一个德国的年轻工程师。弗洛伊德知道这件事情后，很高兴，他知道这个女孩终于从原来的虚幻、虚伪世界中解脱，回到了真实世界的怀抱。一个人如果能在现实世界中获得幻想中的东西，那么由幻想而来的心理问题就会不攻自破。

每个人都有资格获得幸福，哪怕经历再多的不幸。请相信，一切都会过去。

第二章

活在梦中(一)

梦境中的一切都如此虚幻而真实，我们的内心，究竟想通过梦境告诉我们什么呢？梦境中出现的事物又到底寓意着什么？这一切引起了弗洛伊德的重视，他开始研究梦境，做起了“释梦”的工作。谁知，在研究梦境的过程中，弗洛伊德发现了埋藏在人类内心的更多秘密……

杜拉的梦

1905年，弗洛伊德整理了他为杜拉治病的病历并出版，《少女杜拉》就此问世。这是弗洛伊德一生中写下的唯一一本非学术性长篇作品。由此可见，杜拉给弗洛伊德留下了深刻的印象，而且，弗洛伊德也对自己在整个治疗过程中的表现非常满意。

大师们的一生，可以被一部部著作串联起来。如果说《梦的解析》一书将弗洛伊德的人生推向了高峰，那么《少女杜拉》则巩固了弗洛伊德在心理学界的地位。

《梦的解析》一书出版于1900年，正是弗洛伊德给杜拉治病的那一年。当时，弗洛伊德沉迷于研究人的梦境。他认为，一个人的梦境，是这个人心理活动的真实反应。所以，梦境是走进人的内心的一条捷径。

事实上，在为杜拉治病的时候，弗洛伊德就曾经给杜拉“释梦”，他从杜拉的梦境中，得到了许多有用的线索。

杜拉告诉过弗洛伊德一个梦，内容是：房子失火了，杜拉的父亲站在杜拉的床边，把杜拉叫醒，当时杜拉闻到了很大的烟味儿。杜拉赶紧穿上了自己的衣服，母亲则在收拾她的珠宝盒。杜拉父亲对母亲说：“我不愿意让我及我的两个孩子为了你的珠宝而被烧死。”然后一家人匆匆的从房子里跑了出来。此时，杜拉的梦醒了。

杜拉对弗洛伊德说，这个梦曾经出现好几次。第一次出现，就是他们一家与 K 先生一家在湖边度假时。

通过这个梦，弗洛伊德找到了杜拉拒绝 K 先生第一次求爱的原因（杜拉 14 岁时在办公室那次）。梦中的烟味，对应 K 先生吻杜拉时，杜拉闻到的他口腔中的烟草味儿。“杜拉赶紧穿上了衣服”，则表明少年时的杜拉，对性事充满的抗拒和警惕。

弗洛伊德能在杜拉的梦中得到这么多讯息是经过了一系列复杂的论证。如果我们现在把整个论证的过程表述出来，大部分人可能并不理解，甚至会觉得有些牵强。为了避免这种情况发生，我们还是从弗洛伊德最开始研究梦境的时候说起。

弗洛伊德与梦境

每个人都做过梦，但是没人知道梦境是如何产生，所以一直以来，梦都是一种我们“最常见的神秘实物”。

古代人将梦视作为一种“超自然现象”。西方人曾经深信，一切梦均来自他们所信仰的鬼神所发的启示。也就是说，通过梦可以预知未来。中国古代也有类似说法，例如著名的《周公解梦》就是一本教人们通过梦去预知未来的古代书籍。

当然，也有人很早就意识到：梦是一种心理现象。例如古希腊哲学家亚里士多德，便认为梦是“精力过剩”的产物。到了近代，西方人开始试图用科学的方法阐释梦境。但是在弗洛伊德以前，从未有人给出过令人信服的答案。

在梦的研究中，弗洛伊德有得天独厚的优势。首先，作为一个心理医生，他能够从患者口中得到非常多的梦境。在弗洛伊德的著作中我们就可以看到，众多的患者提供了超过 1000 个梦境让他解读，这也成为了弗洛伊德研究梦境的最好素材。

其次，弗洛伊德本人，也是一个爱做梦的人。他曾经在写给未婚妻的信中说："我有很多不能解释的梦，我从来不会梦到白天心理所想的事情，在我梦里的都是那些在白天一闪而过的事物。"

弗洛伊德曾经做过这样一个梦：

他站在火车站，一位年老的绅士和他站在一起。当时，弗洛伊德正在考虑一个计划，然后这个计划马上就实现了（至于是什么计划，并不重要，它不过是梦境中具有象征意义的一环）。与弗洛伊德站在一起的那位老年绅士，看起来像个盲人。这时候，弗洛伊德变成了一个护士，他给老年绅士递过去一个男性用的便壶。

然后，弗洛伊德就醒了，他感觉自己要小便。

这是一个匪夷所思的梦，梦中的场景充满了诸多的不合理，大部分梦境都是如此。但是弗洛伊德却试图从这个毫无头绪的梦境中，找到一些启示。

他认为，这个梦境与自己的童年有一定的关系。

弗洛伊德小时候经常尿床，父亲因为这事没少责备他。弗洛伊德便安慰父亲说："我长大了一定在城市里买一张最好看的红色床送给你。"

在弗洛伊德看来，这是一种"野心"，是一个孩子的野心。进而，他又指出，通过许多人的心理分析可以发现，尿床和野心的性格特征之间，存在密切联系。那些小时候经常尿床的人，往往都比较有野心。

弗洛伊德还记得另外一件童年时发生的事情。一天晚上，他不顾家里的规矩，硬要在父母的卧室里睡觉。父亲责骂他说："你小子将来不会有出息的！”

父亲的这句话，对于童年弗洛伊德的“野心”是一种重大的打击。而父亲责备他的这一幕，后在弗洛伊德的梦境中又多次出现，并且总是跟弗洛伊德展示自己的业绩和成功联系在一起。这就如同是弗洛伊德在对自己的父亲说：“你不是说我没出息吗？我现在成功了！”

而现在弗洛伊德所做的这个梦，也具有相同的意义。在他的梦中，那位老年绅士所代表的便是他的父亲。这位绅士之所以是个瞎子，是因为弗洛伊德的父亲患有青光眼。在梦中，弗洛伊德“计划”的实现，其实也是在对父亲说：“你看，我又成功了。”然后，弗洛伊德给代表他父亲的老年绅士递过去一把便壶，其实也是一种“示威”，“你不是说尿床没出息吗？难道你不尿吗?”

做这个梦的时候，弗洛伊德已经成年了，但是梦中的“少年心性”却展露无遗。由此我们可以看出，从小到大，弗洛伊德是多么急于向父亲展示自己的成功，为的就是反驳父亲当年“你小子长大也没出息”的论调。当然，弗洛伊德不可能在成年之后还对父亲当面说出这样的话。于是，他便将这样的场景移植到了梦中，去完成自己在现实中不可能做的事情。

正如弗洛伊德自己所说，他是一个有野心的人。这种野心或许来自幼年时的“志得意满”，他从小就很聪明。读中学时，学习成绩连续七年在班上排名第一，因此在学校中享有特殊的待遇——所有的课程都会面试通过。

课业上的优越感，是孩子自信心（或者说野心）最大的支持。再加上弗洛伊德出生的时候（1856 年 5 月 6 日），就有一个老妇人预言说：“这个孩子将来必成大器。”这一切让弗洛伊德对自己的未来充满了希望。

但是父亲却让弗洛伊德的自信心遭受到了极大的打击。除了不负责任的“预测”之外，发生在父亲身上的一些事情，也让弗洛伊德深深的感受到：

"在外人眼中，自己可能并不是那么优秀。"

事情是这样的，有一天，弗洛伊德的父亲在外面散步。当时他戴着一顶新皮帽子，显得很精神。这时，对面走过来一个基督徒。此人见到弗洛伊德的父亲，二话不说，上前一把将他的帽子打落在地，并吼道："犹太佬，滚开！"

面对无端的挑衅，弗洛伊德的父亲一言不发，捡起帽子，走到一边去了。

当弗洛伊德从父亲的口中得知这件事情的时候，他无比震惊。他意识到自己的犹太人身份是被人轻视的，或许会成为将来成功的障碍。而且，父亲在这件事上表现出的软弱，也让弗洛伊德很失望。在孩子心中，父亲常常以英雄的姿态存在，一个强大的父亲，是孩子的依靠。反之，如果父亲表现出软弱的一面，那么孩子的自信会遭受严重的打击。

幸运的是，弗洛伊德是个足够强大的人，在不公和屈辱面前，他选择奋起反击，誓要做出一番成绩给人们看看。我们甚至可以说，这种心理在一定程度上激发了弗洛伊德的进取心，也成就了他的事业。但不管怎么说，客观的障碍总是存在的。一个人不可能改变自己的出身，弗洛伊德的犹太人身份，确实给他带来了一些影响。上大学之后，弗洛伊德感受到来自于其他同学的敌意，原因就是他是个犹太人。

在大学里，弗洛伊德没觉得自己这个犹太人和别人有什么不同，所以他以正常的姿态与人交往。但是，弗洛伊德的正常在别人眼里却是不正常。因为在那个年代，犹太人被打压，他们大多是"夹着尾巴做人"而弗洛伊德这个"抬头做人"的犹太人，自然就成了一个另类，被孤立于人群之外。

面对"紧密团结的大多数"的打压，弗洛伊德"奋起反抗"，我行我素。也正是由于被孤立于群体之外，让弗洛伊德具备了独立判断的能力，也敢于打破被广泛认可的陈规，最终形成了自己的学术体系。当然，这种心理也让弗洛伊德变成了一个极度自负、亟需证明自己的人，关于老年绅士的梦境，就说明了这一点。

梦是愿望的达成

弗洛伊德从 1895 开始真正研究梦境，他的第一个研究对象是一个叫埃米尔•考夫曼的年轻医生。

埃米尔•考夫曼是个懒惰的家伙，每天早上起床去上班都是他最痛苦的事情。有一天早上，他做了一个很简单的梦：自己已经起床了，并且来到了医院，开始上班。

年轻医生被自己的梦所迷惑——他把梦境当成了现实，以为自己真的已经在上班了。结果是，那一天直到梦醒，他才发现自己并不是披着白大褂在医院，而是躺在家里的床上。然后他匆忙起床赶往医院，最后还是迟到了，被上司一顿臭骂。

埃米尔•考夫曼问弗洛伊德，自己为什么会做这样的梦。弗洛伊德的回答是：梦的动机是愿望的达成。

这句话的意思就是，你心里如果有现实中难以达成的期望，那么在梦境中，这种期望就会“实现”。埃米尔•考夫曼每天都“起床困难”，上班总是迟到，所以他希望自己可以能早点起床，不再迟到。但是他又缺乏这样的毅力，无法实现目标，于是，在梦中他得到了满足——自己早早地起来，早早地上班去了。

这就是埃米尔·考夫曼这个梦的起因。

弗洛伊德本人也做过类似的梦。

1895 年夏天，弗洛伊德给一个女人治病。这个女病人与弗洛伊德家是世交，所以弗洛伊德担心万一失败，将会影响两家人的友谊。

有一天，弗洛伊德的同事奥图医生去拜访这位女病人，回来后告诉弗洛伊德说："那位女患者说自己的病情并没有多大好转，似乎在埋怨你的不对。"

弗洛伊德是个事事要强的人，他听到这个消息后，当天晚上就奋笔疾书，把女患者的整个医疗经过抄一遍，然后寄给另外一位同事——M 医师，此人是当时心理学界的权威学者。

弗洛伊德写完医疗经过之后，就睡着了，他做了这样一个梦：

有一个大厅里，宾客云集，那位女患者就在人丛中。弗洛伊德慢慢靠近她，然后说道："如果你现在仍然感到很痛苦的话，可不要怪我，这一切都是你自己的错！"

女患者回答道："不知为什么最近我的喉咙、肚子以及胃都痛得要命！"

此时，弗洛伊德看着她那苍白、浮肿的脸，突然有些担心自己以前是不是疏忽了某些问题。于是他把女患者带到窗口，借着灯光仔细检查了一下她的喉咙，发现她喉头右边有一块大白斑，而其他地方也有很多灰小白斑排成卷花般的小带……

这就是弗洛伊德的梦。从梦中醒来后，弗洛伊德开始反思自己为什么会做这样的梦。最终，他得出了以下结论：

第一，他之所以责怪女患者为何未接受自己的办法，是因为在弗洛伊德的内心中，认为女患者久病不愈不是他治疗不力，他是在为自己开脱责任。

第二，“弗洛伊德开始为自己可能以前疏忽了某些问题而担心”，是因为精神医生经常担心自己的诊断是否正确，弗洛伊德把这种担心也带进了自己的梦里。

由以上两个结论，弗洛伊德进一步指出了关于梦的规律，就是我们之前提到的那句话——梦的动机是愿望的达成。当然，弗洛伊德并不是通过一两个梦就总结出了最终的规律，而是分析了成千上万个梦，才下了这个定论。

在弗洛伊德所分析的诸多梦境中，有些非常常见的梦境。比如说：

梦到自己非常渴，百般寻找才找到了一点水，那水喝下去甘美无比。

有些女性在意外怀孕的时候，会梦见自己的月经又来了。

小孩子则经常梦到自己到了一个早就想去的游乐场，欢快地玩耍。

年轻人会梦到自己见到了日夜思念却不在身边的人。

这些梦可能许多人都做过，它们能够最直观地证明弗洛伊德的观点——梦的动机是愿望的达成。

在弗洛伊德看来，无论是多么复杂的梦，大部分都可以解释为愿望的达成。有些梦非常直观地达成了愿望，比如：思嫁的女性梦见了婚礼，口渴的人梦见了水……也有些梦需要特别废脑筋去研究，才能知道这个梦究竟是达成了做梦者哪方面的愿望。

一般而言，小孩子的梦往往是那种很直观的梦。例如弗洛伊德小女儿的那个梦。

弗洛伊德的小女儿叫做安娜•弗洛伊德，1895 年 12 月 3 日出生在奥地利维也纳，那年恰逢她父亲出版《歇斯底里的研究》。

安娜曾经说：“我和精神分析学是一对从一出生就争着引起父亲注意的双胞胎。”在安娜小的时候，正是弗洛伊德醉心事业的阶段，所以她在竞争中似乎没有取得胜利，反而成为了父亲研究精神分析的实验品。

1903年夏季，弗洛伊德全家到荷尔斯塔特远足，当时安娜8岁半。

在游玩的过程中，安娜结识了一个叫爱弥儿小朋友，两人迅速成了要好的朋友。

一天早上，安娜告诉弗洛伊德："爸爸！昨晚我梦见爱弥儿成了我们家庭中的一员，他还称呼你们爸爸、妈妈呢，而且与我们家男孩子一起睡在大卧铺内。后来，妈妈突然进来了，双手还拿着用蓝色、绿色纸包的巧克力棒棒糖，给我们每个人都分了一个。"

弗洛伊德听了女儿的话，知道女儿喜欢爱弥儿，希望与之朝夕相处，才会有这样的梦境。但是他不太明白为什么女儿的梦中会出现棒棒糖，最后妻子玛莎告诉他，在车站的时候，安娜看见了一个棒棒糖自动售货机，便吵着要买，但玛莎当时并未满足孩子的愿望，所以，孩子才会在梦中"自我实现"。

妻子提供的消息，为弗洛伊德关于梦的理论提供了最直接的依据。

疑惑

关于弗洛伊德的家庭故事，我们暂且放一放，把目光转回到他对梦的研究上。

大约在1895年前后，弗洛伊德通过对大量梦境的研究，得出了"梦是愿望的达成"这一结论。但是他并没有急于向外界公布自己的研究结果。因为他知道，人们一定会反驳他的理论，他甚至能够想象别人会用怎样的话来批驳他——如果说梦都是愿望的达成，那么那些噩梦是怎么回事儿？难道梦中那些令人恐怖的东西也是人的愿望？

这样的质疑是简单有力的，因为大部分人都有过做噩梦的经验。根据统计，超过一半的梦是不那么愉快的。而真正能给人带来愉悦的梦境，还不到1/4。弗洛伊德的理论很好地解释了少部分梦境的起因，而对于大部分梦境的成因，他的理论似乎并不适用。一个理论，如果只能被用来证明少数特列，而不具备普遍的应用价值，那就算不上是“定理”。

弗洛伊德自然不能容忍自己的理论存在盲点，所以他开始思考“痛苦恐怖的梦，如何解释为愿望的达成？”除此之外，他还试图证明“那些乍看风马牛不相及的梦，经过层层抽丝剥茧，也能看出是愿望达成的意义”。如果能完成这两个目标，那么他关于梦的理论，就有机会成为真正的“定理”。

1897 年春天，弗洛伊德得知自己有希望升任教授。这一消息让他非常惊喜，但是他同时也有一些担心，因为在那个犹太人遭到广泛歧视的时代，一个犹太人若想获得教授职称是非常困难的，弗洛伊德害怕自己的“教授梦”到头来还是一场空。

不久后的一天晚上，弗洛伊德的朋友 R 先生来找他。R 先生也是一位犹太人，也是医学方面的专家。他告诉弗洛伊德，自己很早就已被推荐为教授头衔，但是却迟迟未能得到上级的批准。终于有一天，他忍无可忍，去质问上级：“我不能成为教授，是不是和我的宗教信仰有关？”上级的回答是：“是的。”

R 先生的话，让弗洛伊德更加担心。于是，当天晚上，他做了这样一个梦：

在梦中，R 先生的身份发生了变化，成为了弗洛伊德的一个叔叔。弗洛伊德看着 R 先生的脸，他发现对方的脸有了一些变化，似乎脸变长了，黄色胡子长满腮边，看来很有特色……

第二天早上醒来，弗洛伊德想起了自己的梦。最开始，他付之一笑，心想:“这是多么无聊的梦。”但是，在接下来的一整天时间里，这个梦却始终在弗洛伊德的脑子里萦绕着。他不由得自责起来:“如果某个病人告诉我他的梦很荒唐、很无趣，根本不值得一提，我自己一定会怀疑其中必有隐情，非得去探个水落石出不可。同样地，我之所以会认为无聊不值得一提，可能就正代表着心里有股怕被分析出来的阻力。”

弗洛伊德作为一个心理学家，毕生都致力于挖掘人心理中的“死角”，所以他更不容许自己的内心存在隐秘的、不能被自己发现的阴影之地。基于一个学者刨根问底的探索本能，弗洛伊德开始认真思索自己这个梦产生的根源。

首先,R 先生变成了弗洛伊德的一个叔叔，代表着什么?

弗洛伊德确实有一个叔叔，名叫约瑟夫。这位叔叔是个可怜人，30 多年前，为了一点点钱竟触犯刑法，被关到了牢里。弗洛伊德父亲因为这件事数日之间白了头。他经常对弗洛伊德说:“你约瑟夫叔叔并非坏人，只是一个被人利用的呆子。”由此，弗洛伊德联想到，将 R 先生与叔叔联系到一起，可能是因为自己内心觉得 R 先生是个呆子。

弗洛伊德为什么会把 R 先生想象成一个呆子? 是因为 R 先生做过什么不对的事情吗? 并没有。弗洛伊德意识到，自己之所以会将 R 先生想象成个呆子，还是因为自己被提名教授的事情，整件事情的因果关系是这样的:

因为:

1. 弗洛伊德想当教授，但是害怕自己的犹太人身份成为晋升的障碍。

2. R 先生因为自己的犹太人身份，没能当上教授，这一点让弗洛伊德十分担心。

所以：弗洛伊德内心希望R先生并非是因为犹太人身份而不能获得晋升，因为那样意味着自己的晋升之路也很有可能发生意外。

结果就是弗洛伊德通过梦境将R先生刻画成了一个呆子。在梦中，他一厢情愿地认为R先生之所以不能晋升并不是因为他的犹太人身份，而是因为他是个呆子。自己并不是呆子，所以可以获得晋升。

这就是弗洛伊德这个梦的因果，在梦中，他“化解”了自己的担心，主观上排除了自己达成目标的障碍。所以，这个梦也可以解释为是“愿望的达成”。

在想明白了梦的起因之后，弗洛伊德内心产生了对R先生的愧疚之情——因为一己私怨丑化自己的同事，虽然是梦中（或者说是潜意识中）丑化，但终归有些不道德。但是，在多年之后写《梦的解析》一书时，他并没有因为害怕影响自己的形象而隐藏真相，还是将这个案例写进了书里。或许，在弗洛伊德看来，人有时因为私欲产生一点点邪恶的念头并非罪不可恕，但若是因为保全形象而罔顾事实才是最虚伪的表现。

梦的伪装

弗洛伊德解开了自己有关R先生那个梦境的起因，证实了“有些并不愉快的梦也是一种愿望的达成”。同时，他又从中发现了另一个关于梦的现象，那就是“梦的伪装”。

什么是“梦的伪装”？以弗洛伊德的梦为例：弗洛伊德希望R先生不能当选教授是因为个人原因而非种族原因，所以他在梦中将R先生塑造成了一个“呆子”。但他的梦并没有直白地“说”R先生就是个呆子，而是委婉地将R先生与自己的“呆子叔叔”联系到了一起。这种带有象征意义、委婉的梦境，就是梦的伪装。

梦境为什么会伪装起来？就是因为梦在某种程度上也会受到“道德”和“现实”的约束。我们的某些愿望有时是不道德或不现实的，梦境既要达成愿望，又不能违背人的道德底线，因此便会采取“迂回”的方式，委婉地表达出来。由此，弗洛伊德想到那些不那么愉快的梦境，可能就是梦的一种伪装，它的真实目的，依旧是愿望的达成。

对于弗洛伊德的这种理论，当时大多数人仍然不认可。弗洛伊德有一个女病人，当弗洛伊德把“梦是愿望的达成”告诉这位病人之后，病人认为弗洛伊德所说的话不可信。

第二天，女患者就告诉弗洛伊德，自己前一天做了一个与自己愿望完全相反的梦：她梦见自己和婆婆一起去旅行。但事实上，这位女患者和她的婆婆关系非常恶劣，根本就不想与婆婆接触。她想以此说明：弗洛伊德，你是错的。

弗洛伊德听了女病人所谓的“反面例子”之后，笑着问道：“你从一开始就怀疑我的理论，并试图找出证据推翻它。现在，这个梦似乎推翻了我的理论。但是，你想一想，这算不算也是一种愿望的达成呢？你的这个梦，不是正好满足了你推翻我的愿望吗？”

女病人无言以对。

类似这位女病人的情况，还在其他人身上发生过。弗洛伊德有一位和他熟识的律师朋友，当他对这个律师朋友讲过自己的理论之后，律师也不以为然。

不久之后，律师就告诉弗洛伊德，自己做了这样一个梦：所有讼案全部败诉。这显然不是自己的愿望。于是，这位律师便以此为“证据”，说弗洛伊德的理论根本就是错的。

弗洛伊德当时并未辩解，但是他心中却想：在8年同学期间，我一直都是名列前茅，而这个家伙却成绩平平，因此他内心是不是希望有一天我也会表现得只不过尔尔呢?

在弗洛伊德看来，这位律师朋友是出于对弗洛伊德的嫉妒，不希望弗洛伊德获得成就，所以才会做了这样一个梦，用以满足自己否定弗洛伊德的愿望。

如果弗洛伊德仅仅用“试图否认我”这样的理由去解释那些相反的梦境，显然不具备说服力，他需要一些更为客观的案例，这对于弗洛伊德而言，似乎并不困难。

有一位女患者与弗洛伊德相识多年。有一天，她对弗洛伊德讲述了这样一个恐怖的梦境：

女患者梦见姐姐的儿子查理死了。在梦中，这个“可怜的孩子”僵硬地躺在一个小棺材里，两手交叉平放，尸体的周围插满了蜡烛。

女患者将这个梦告诉弗洛伊德之后，问道：“你知道，我很喜欢查理，我肯定不会希望他死去，但是我却做了这样一个梦，你能告诉我这是为什么吗?”

弗洛伊德与这位女患者非常熟悉，对她家里的事情很了解。这位女患者自幼失去双亲，是她姐姐将她带大。她的姐姐是一位典型的家庭主妇，温柔、善良，还有两个孩子，一个就是在女患者梦中“死去”的查理，另一个叫奥利佛。

女患者成年之后，认识了一位年轻男子，两人一见倾心，并迅速坠入爱河。两人的关系发展得很快，没过多久就到了谈婚论嫁的地步。

但是，女患者的姐姐却坚决反对这门婚事。由于女患者是姐姐抚养大的，姐姐是她生命中最为重要的人，所以她为了保全姐妹情谊，只好忍痛割爱，与那位男子分手。

与那位男子分手之后，女患者重新开始了自己的生活。数年之后，她又爱上了另一个人——一位年轻有为的文学教授。

由于在爱情上受到过挫折，所以女患者对于爱情总是患得患失，她不敢向年轻教授直白地表达自己的爱意，只是想尽办法、寻找一切机会，希望能见自己的意中人一面。

不久之后，女患者就如愿以偿地见到了这位年轻教授。不过，这次见面却是在一个让人悲痛的场合——奥利佛的葬礼上。

想到这里，弗洛伊德心中突然有了一些“灵感”，他对女患者说：“你姐姐真是个不幸的人，她的儿子奥利佛年纪还很小，就死去了。”

女患者说道：“是啊，在姐姐的两个孩子中，其实我更喜欢奥利佛多一点。”

弗洛伊德又问：“在奥利佛的葬礼上，你遇到了什么印象深刻的事情吗？”

女患者回答说：“那天我很伤心，这孩子是我从小看着长大的。那天，他也来参加葬礼了……”

这个“他”，指的就是那位年轻的教授，女患者的梦中情人。

听到这里，弗洛伊德的内心犹如黑暗中射入了一道阳光，他对女患者说：“我知道你为什么会梦到查理死了。这源于你内心的一个愿望——你希望见到年轻教授。上一次你见他是在你姐姐儿子的葬礼。所以，如果相同的事情发生，你就又能见到他了。这梦只不过是表示了强烈的想再见他一面的愿望——一个你一直在内心挣扎，不得安宁的愿望。”

弗洛伊德的结论着实让人吃惊，谁能想到，在一个姑娘的内心中深处，居然会为了见心上人一面而“幻想”自己的亲人死去!

多亏这是一个梦，也仅仅只是一个梦。梦就是这样，它有时候会最直接地表达我们内心最隐秘的情感或愿望。它就如同一个孩子，很单纯，但是为了实现目标不折手段。而现实中绝非如此，所以我们不必太过担心。

值得一提的事，这个关于梦的故事，最后演变成了一个小的心理测试，内容如下:

一个女孩，在他爸爸的葬礼上看见一个很帅的男子，回家后她立刻把她姐姐杀了，为什么?

这道心理学测验测试的是一个人是否存在心理变态。如果有人回答说:“她这么做是为了再见那个男孩一面。”那么这个人就可能存在心理问题——因为他的思路和心理疾病患者相同。

不过，由于读者已经事先知道了那个关于葬礼的故事，所以十有八九会很轻易猜出这个“正确答案”。不必担心，这很正常。

我们真正想通过这个测试说明的问题是那些让人读起来毛骨悚然的故事，有些并不是空穴来风。虽然它并未真实发生，但存在于人的内心之中。或许，也正是这样的故事见得太多了，所以弗洛伊德得出了这样一个悲观的结论——许多人的内心中，都住着一个魔鬼。

梦从哪里来

弗洛伊德通过一系列的案例，证明了梦是会伪装的，那些看起来“违背意愿”的梦，其实也是愿望的达成。只不过，它经过了自我的伪装，将真实的愿望隐藏了起来，也将人心中最不愿意让别人窥探到的部分隐藏了起来。

在弗洛伊德的患者中，有一位聪慧高雅的少妇，她是一个非常传统的家庭主妇，完全符合“秀外慧中”的标准。

有一次，这位主妇向弗洛伊德讲述了自己的一个梦:“我梦见我到达市场时太晚了，肉卖光了，菜也买不到。”

从表面上看起来，这个梦并无特别之处，但是弗洛伊德认为事情并不是那么简单。他刨根问底，向主妇追问梦的细节。于是，主妇描述说，她和她的厨师一起上市场，厨师拿着菜篮子。当她向肉贩说出要买的某种东西时，肉贩说现在那种东西再也买不到了。然后他拿出另一种东西向她推销说:“这也是很不错的!”但主妇拒绝了。她又走到一个女菜贩那儿，那菜贩劝她买一种非常特别的蔬菜——黑色的、成束地绑着，主妇说:“我不知道那是什么东西，我还是不要买好!”

主妇之所以会做这么一个梦，是因为白天她的确是太迟才到市场，导致买不到任何东西。“肉铺子早已关门”这个印象留在了她脑子里，然后晚上以梦的形式出现了。这一点我们都可以理解，所谓“日有所思、夜有所梦”既是如此。

但是，是不是所有的梦都是“日有所思”的缘故呢？这又是一个问题。弗洛伊德想要搞明白：梦的素材，到底源于何处？我们梦见的人和事，他们为什么会走进我们的梦中来？

弗洛伊德认为：

1. 梦选择材料的原则完全迥异于清醒状态的原则，而专门找一些不重要的次要的被轻视的小事。

2. 梦总是以最近几天印象较深的事为内容。

3. 梦完全受儿时最初印象所左右。

关于第一种说法，相信大多数人会赞同。因为大部分的梦境确实是一些琐事。就如同上面那位梦到去买菜的主妇一样。梦境中经常会出现一些无关紧要的事情，这些事情大多发生于近一段时间。

不过，弗洛伊德认为，梦境中的琐事属于“梦的伪装”。事实上，琐事中往往蕴含深意，揭示了人的心理状态。弗洛伊德将此种梦的表现形式称为“置换”。他说：“一个具有较弱潜能的意念，必须从那最初具有较强潜能的意念中，慢慢吸取能量，而到某一强度才能脱颖而出，浮现到意识界来。”也就是说，梦中真正想表达的内涵，是一个较弱的“潜意识”，它需要一个较强的“显意识”来作为载体表达出来，什么是较强的显意识呢？无疑就是发生在最近的一些事情，人们对其“记忆犹新”。梦境为了更好地表达潜意识，便对最近发生的琐事做了“伪装”（其实这里应该称其为“改装”），以使这些事情能够“切合主题”。

事实上，这种潜意识的“伪装”，不仅出现在梦中，也出现在清醒的状态下。例如：一个孤独的老处女会几近疯狂地喜爱某种动物，是因为她将潜意识中对男性的爱慕伪装（置换）成了现实中对动物的热爱；一个单身汉会变成一个热心的收集狂，是因为他将对女性的渴望伪装（置换）对其他一些事物的热衷；一个老兵会为一小块有色的布条——旗帜而洒热血，是因为他将对于祖国的忠诚伪装（置换）成了对一面旗帜的效忠。也就是说，在人的心理中，更倾向于用唾手可得的东西来表达自己的情感。梦中也是一样，最近发生的事情由于记得比较清晰，就变成了“唾手可得的东西”，用以表达潜意识中的某种情感。

所以，弗洛伊德将梦用这类芝麻小事作为内容，视作为“梦之伪装的表现经过转移作用”的产物。因此，在分析一个梦的时候，重点不在于分析梦中的事件，而在于分析梦中的感情（或者说意识表达）。

弗洛伊德完美地解答了为什么梦境中总会出现“发生在最近几天的琐事”这个问题。接下来，他要思考：儿时的经历在梦境中到底占据着怎样的位置？

在研究梦境的过程中，弗洛伊德发现了一个现象：许多梦境来源于做梦人儿时的记忆。他说，那些在清醒状态下无法回忆的儿时经验可以重现于梦境中。

一直以来，弗洛伊德都很想去罗马旅行，但始终未能如愿。于是，他便在梦中达成了这个愿望。在梦中，弗洛伊德似乎来到了罗马城，奇怪的是，罗马街道上竟有那么多用德文写的公告。

梦中的罗马城为什么会有德文公告呢？弗洛伊德想起了自己少年时的一个愿望：希望罗马人会重用德文。正是这个儿时的愿望，让弗洛伊德在梦境中的罗马看到了德文。

弗洛伊德的一个病人做了这样一个梦：

他和几个朋友去看望一位住院的同学，那位同学在睡梦中翻身时不慎把性器露在了裤子外面。而病人另外一个朋友则做出了相同的动作。

这个梦是如此诡异，但是病人的一段经历却揭示了它产生的缘由。原来，这位病人在 12 岁的时候，确实去看望过一位住院的同学，那位同学也确实不慎将性器露在了裤子外面。只不过，做出相同动作的那个人，却是病人自己。当时病人自己也不知道为什么会主动暴露出自己的性器，等他做出这一动作之后，才发现自己做了一件多么愚蠢的事情，非常尴尬。多年以后，病人在梦境中重现了当年的情景，只不过，主人公换成了他人。这或许是因为在他的内心中，希望当年那个出丑的人不是自己。

为了证明“有些梦境的素材来源于童年时期的记忆”，弗洛伊德收集了许多关于与童年印象有关系的梦。但是由于这些梦大多数都来自于患有心理疾病的病人，弗洛伊德认为如果以这些“病态的梦境”作为依据的话，恐怕缺乏说服力，所以他更倾向于以自己的梦为素材，找到关于童年回忆的梦境。

一次，弗洛伊德旅行归来，又饿又累，躺在床上睡着了。睡梦中，弗洛伊德跑到了厨房里去，想找些香肠吃。而在厨房里站着 3 个女人，其中一个是女主人，她手上正在磨着某种东西，看起来像是某种食物。女主人让弗洛伊德再等一会儿，等做好了菜再叫他。弗洛伊德很不耐烦，不高兴地走开了。

在分析这个梦境的时候，弗洛伊德想起了一本他儿时看过的小说，那部小说的结尾是：在书中一直以英雄形象出现的主人公最后发疯了，他一直狂喊着 3 个给他同时带来幸福与灾祸的女人的名字。所以，“3 个女人”在弗洛伊德儿时的意识里，代表的是命运。

进而，弗洛伊德又想起小时候发生的那件事情。母亲对他说：“我们人是来自大自然中的尘埃，所以最后也必消逝为尘埃。”他不信，于是母亲便双掌用力地相磨（就像梦中那女人一般），把磨下来的“土”指给弗洛伊德看，以此证明了人是由尘埃所变成的！这件事情给弗洛伊德造成了极大的震撼，让他对于“命运”开始持悲观态度。

所以，在弗洛伊德梦中的 3 个女人和女主人的动作，都是他儿时有关于“命运”的经历。成年之后，这些经历便以梦的形式出现了。

通过旁证与自证，弗洛伊德发现："每一个梦，其梦的显意均与最近的经验有关，而其隐意均与很早以前的经验有关。"也就说，一个人梦到的事情是最近的，但是这个梦所蕴含的深意则来儿时、少年时代关于某一事物的体验。

通过研究，弗洛伊德得出了结论：第一，"梦的内容多半以不重要的事为显意"；第二，"梦的内容多选用最近的以及孩提时代的资料"。

这是关于梦境素材的最终答案。

第三章

活在梦中(二)

关于梦境，弗洛伊德的研究还未停止，他试图通过梦境抵达人类心灵的最深处，去探寻那里的秘密。但是，在一层层拨开梦的迷雾之后，弗洛伊德所看到的是——自己儿时的情景。原来，几乎所有的梦境，都与儿时的经历有关，这让弗洛伊德不得不回到从前童年时的场景……

弗洛伊德的儿时记忆

由于在梦境的研究中，涉及到了许多关于“儿时记忆”的问题，所以弗洛伊德的思绪会不时地被带回到童年时光，“故地重游”。

弗洛伊德家族的历史很久远，他的曾祖父叫埃弗莱姆，他的祖父叫斯洛莫。弗洛伊德并没有见过自己的祖父，因为他在弗洛伊德诞生前夕也就是1856年2月就离开了人世。弗洛伊德出生之后的第一个名字就叫做斯洛莫，这也是为了纪念他的祖父。

严格来讲，弗洛伊德并非奥地利人。因为他的先祖们包括他的父亲都曾生活在德国，弗洛伊德的父亲雅可布·弗洛伊德于1815年生于德国加里西亚的狄斯门尼兹。

1855年，40岁的雅可布·弗洛伊德与年轻的犹太女子阿美丽·娜丹森结婚。雅各布·弗洛伊德结过3次婚。第一次婚姻是在他17岁时，他与第一任妻子生下了大儿子伊曼努尔。与第一任妻子离婚后，雅可布又娶了第二任妻子，并在1836年生下了第二个儿子菲利浦。弗洛伊德的母亲阿美丽，是父亲的第三任妻子。

在弗洛伊德出生时，他的两位哥哥都已经成年，大哥伊曼努尔24岁，菲力浦20岁。

弗洛伊德全家住在弗莱堡市内的一座两层楼小房子中，很简陋。弗洛伊德3岁之前一直住在这里。

雅可布·弗洛伊德心地善良，人很单纯。弗洛伊德曾经说:“他（父亲）像狄更斯的小说《大卫·科波菲尔》中的人物米考伯那样，是一个乐天派，始终都充满着希望地期待着未来。”父亲的性格对弗洛伊德的影响很大，弗洛伊德的女儿安娜说，自己的最突出的特性，就是单纯。而他的单纯，正是从父亲身上继承来的。

一个单纯的人，往往能够执着于某件事，并取得成功。弗洛伊德之所以能够将极其复杂的精神现象分析成为最单纯的“潜意识”和“性动力”，就是因为他喜欢事物的单纯化结构，并因而怀抱着某种想把一切都还原成最简单元素的愿望。

在弗洛伊德眼中，世界没有那么复杂。最简单的元素组成了复杂的事物，若想探究事物的本质，只需将复杂分解为简单即可。若是被事物的复杂表象所迷惑，那么离真相将会越来越远。

弗洛伊德的挚友、门生厄纳士特·钟斯曾经说:弗洛伊德之喜欢单纯，厌恶复杂，同他性格中的其他两个特点有非常密切的联系:

其一，他厌恶形式化的东西，而且不愿被限制。他对形式主义的厌烦，很大程度上是因为他出身贫寒，社交圈子比较狭小。弗洛伊德对于复杂的保护性措施，特别是人们经常引用到生活关系中的那些法律方面的保护性措施最为厌烦。他认为，如果两个人真的相互依赖，那么礼仪、应酬就是完全不必要的;如果两个人之间缺乏信赖，那么就算是再有礼貌，也无济于事……

其二，弗洛伊德的单纯性格也与他所处的环境有关。他家世贫寒，而犹太人的身份，也使得他变得保守。

弗洛伊德在他的《自传》中说:“我的父母都是犹太人。我自己也是一个犹太人。有证据表明，我父亲的家族在莱茵河（科隆一带）曾经定居很长时间。十四五世纪中，犹太人遭受迫害，他们那时候开始向东逃走。到了19世纪中叶，他们又从立陶宛经加里西亚迁回到德属奥地利。”

正如弗洛伊德描述自己的家世一样，犹太人是一个飘零的民族。

在欧洲中部、南部和东部流浪了两千多年的犹太人，在历史中饱尝苦难。自从公元前6世纪以色列王国覆灭、犹太人的神殿被烧毁之后，犹太人就成了没有家的孤儿。他们在中亚、西南亚、北非和欧洲四处流浪，像种子一样散布在地球各处，以不同程度和不同形式定居在异民族中间。

犹太人最为可贵的地方在于，虽然他们流浪了两千年，但始终没有忘记自己的传统，并没有被其他民族所同化，而且，他们除了保留着自己的宗教信仰、语言文字和特殊的生活习俗以外，还对各民族的文化事业的发展做出了卓越的贡献。在最近一百多年的历史中，犹太人为人类文明的发展出力不小。这让他们充满了自豪感。

犹太裔血统对于弗洛伊德的成长产生了很大的影响。这种影响也是非常矛盾的。一方面，弗洛伊德为自己的犹太人身份而感到自豪，因为在犹太人的历史上，有许多英雄人物值得他去崇拜。而另一方面，由于欧洲各地的犹太人在漫长的岁月中所遭受的侮辱和歧视，在让弗洛伊德感到失望的同时，也提供了无形的强大精神力量，激励着他奋发图强，专心致志地从事对人类精神活动的科学分析事业。弗洛伊德曾说：“我经常感受到自己已经继承了我们的先辈为保卫他们的神殿所具备的那种蔑视一切的全部激情；因而，我可以为历史上的那个伟大时刻而心甘情愿地献出我的一生。”

这种不甘忍受歧视的感情始终伴随着弗洛伊德的一生。它像潜伏在火山深处的岩浆一样默默地运行着，终将不可避免地喷发出来。

弗洛伊德愤慨地说：“我完全不能理解为什么我要为我的祖先而感到羞愧，或如一般人所说的那样为自己的民族感到羞耻。于是，我毫不犹豫地采取了不接受的态度，并一直都不为此后悔……”弗洛伊德的童年时代以至他的整个一生，就是在民族歧视和民族压迫的环境中度过的。

因此在儿童和少年时期，弗洛伊德社会关系极为简单，更无法融入到主流社会圈子里，所以弗洛伊德很自然地厌恶“上流社会”的那套虚伪的形式主义的种种习俗。

弗洛伊德从小就崇拜古代迦太基名将汉尼拔和拿破仑，这两位伟人都曾经带领军队翻越阿尔卑斯山，打败了歧视和压迫犹太人的“神圣罗马帝国”和天主教会。在弗洛伊德的著作中，这两个人曾多次出现。

弗洛伊德的母亲阿美丽•娜丹森又叫做玛丽亚，聪明美丽。

在弗洛伊德的生命中有3个重要的女人——母亲、妻子和女儿，在这其中，母亲是占第一位的。

弗洛伊德在其著作中说：“我的自信以及对事业的乐观，在很大程度上要归功于母亲的影响……母亲总是会给儿子极大的满足；这是最完全、最彻底地摆脱了人类又爱又恨的矛盾心理的一种关系。”

弗洛伊德始终热爱、尊敬母亲，母亲也特别宠爱弗洛伊德。巧的是，弗洛伊德和他最喜欢的小说——狄更斯的《大卫•科波菲尔》的男主角一样，在他母亲生他的时候带出了胎衣。在欧洲，这意味孩子将来会成为一个伟大的人物。而弗洛伊德认为这是母亲给他带来的幸运，也一直以此为豪。他曾说：“一个为母亲所特别钟爱的孩子，一生都有身为征服者的感觉；由于这种成功的自信，往往可以导致真正的成功。”

当然，母亲也带给了弗洛伊德一些不好的回忆。据弗洛伊德回忆，在弗莱堡生活时，弗洛伊德有一次闯入他父母的卧室，以好奇的目光试图观察大人的性生活。一丝不挂的母亲，在幼小的弗洛伊德心目中留下了很深的印象，或者说造成了一种心理上的震撼。对此，我们以后会进一步说明。

弗洛伊德的父母都是虔诚的犹太教徒。他们生活简朴，严格遵守犹太教法规。在家里，他们只讲犹太人的依地语（一种为犹太人使用的国际语），而不是讲高地德语（原为德国南部和中部使用的德语，现为标准德语）。不过，从小陪伴弗洛伊德长大的奶妈却是一个天主教徒。她年纪很大，又老又丑，但是心思细腻。奶妈会讲述一些宗教故事，以此来教育弗洛伊德。

奶妈还教给弗洛伊德一些“生活和生存的手段”，弗洛伊德说：“她让我从小就对自己的能力有足够的估计和认识。”

然而，弗洛伊德两岁半的时候，这位奶妈因偷东西而被辞退了。后来，弗洛伊德曾在自己的著述中多次为此事表示遗憾和惋惜。

一次关键性的搬家

弗洛伊德 3 岁之前，都生活在弗莱堡。弗莱堡不是一个大城市，城中只有不到一万居民。这里有各种各样的手工工场，生意人来此地更容易找到赚钱的机会。

虽然弗洛伊德仅仅在弗莱堡度过了他生命历程中的最初的、还不懂事的 3 年，但这座城市仍然给弗洛伊德的一生留下了不可磨灭的印记。弗洛伊德回忆自己在弗莱堡的童年生活时，总是以田园诗人般的情感热切地怀念这个小小的城市。

1859 年，弗洛伊德迎来了人生中的第一次重大变革——他离开了出生地，搬到了另外一座城市。之所以要搬家，可能出于两方面原因：一个是经济上的，另一个是战争所引起的。

经济上，弗洛伊德的两个异母哥哥伊曼努尔和菲力浦在生意上遭受了失败。弗洛伊德的父亲只好拿自己的钱替两个儿子还债。如此一来，他的生意就难以为继了。

另一方面，当时奥地利（严格来说是奥匈帝国）和意大利之间在当时发生了一场战争，战争期间，所有的适龄男子都有被强制征兵的风险，弗洛伊德的父亲和两个哥哥都属于“适龄男子”。作为犹太人，如果在这一时期被征召到军队中，将会面临非常糟糕的局面。在军队中，被视为异类的犹太人不仅要受官方的残酷虐待，而且还要被迫放弃一切犹太人的生活习惯。为了逃避服兵役，雅可布·弗洛伊德决定离开奥地利，到德国去居住。

奥意战争并未持续多久，战争结束后，弗洛伊德一家又搬家了。这一次他们搬到了维也纳。不过，弗洛伊德的两位异母哥哥则搬到了伦敦。

维也纳是欧洲最著名的文化中心之一，而弗洛伊德所处的时代，又是维也纳最为兴盛的时期。这里有全欧洲最优秀的思想家和艺术家，他们共同奠定了一座城市的辉煌历史。维也纳浓厚的学术氛围，在一定程度上成就弗洛伊德的事业。

不过，维也纳历来不欢迎犹太人。在历史上，犹太人曾 3 次被逐出维也纳。直到 19 世纪，维也纳才放松了对犹太人的限制，这使得维也纳的犹太人急速增加。

犹太人花了几十年时间在维也纳开拓出了辉煌的事业，他们几乎垄断了维也纳的报刊发行，在大学中也出现了许多犹太人教授，犹太人开始在这座城市崭露头角。不过，他们依然属于弱势群体，随时随地都有可能遭受反犹分子的侮辱和突然袭击，日子过得心惊胆战。

这就是弗洛伊德所要面对的生存环境。

在谈起自己从 3 岁到 7 岁的生活经历时，弗洛伊德说：“那是很艰难的时期——不值得回忆。”当然，这一段时间并非没有发生任何值得回忆的事情，在他的著作中，曾经提及过这一期时期的一些经历，本书也引用过一些弗洛伊德这一时期的故事，如:“帽子事件”、“尿床时间”。或许，弗洛伊德所谓的“不值得回忆”，其实是指这段经历“不堪回首”。

弗洛伊德的童年在贫穷中度过。他经常陪父亲在人行道上散步，以这种方式锻炼身体。由于经济条件的限制，弗洛伊德父子并没有去参加一些当时流行的体育运动，所以当中欧各国的中产阶级在闲暇时间进行各种球类活动、游泳、滑雪的时候，弗洛伊德和父亲只能在街边散步。

小时候养成的散步习惯，伴随了弗洛伊德一生。成年之后，他经常会单独散步。在维也纳大学学医时，他就经常一个人在校园里散步。

随着弗洛伊德逐渐成长成为了一个小小男子汉，他性格中的某些特质也开始体现出来。首先得以体现就是他喜欢“追求权威”的性格特点。

弗洛伊德家庭里经常会召开“家庭会议”，依据犹太教的规定，作为一家之主的父亲当然是“会议主席”。但是，弗洛伊德却总能在家庭会议中发表令人信服的意见，以致连他的父母也不得不放弃自己的意见，按照弗洛伊德说的去做。

有一次，弗洛伊德家组织会议研究给弗洛伊德的小弟弟取名的问题。弗洛伊德主张给这位比他小 10 岁的弟弟取名亚历山大。他对家人说，亚历山大大帝是一位有勇有谋的英雄，还给家人讲述了亚历山大的一些光辉事迹。最后，全家人都接受了他的意见，给小弟弟取名亚历山大。

弗洛伊德在家庭中的逐渐“崛起”，也不可避免地引发了一些矛盾，因为任何一个父亲都想在家中保持自己的权威，弗洛伊德的举动对于他的父亲来讲，是一种挑战。据弗洛伊德家的钢琴教师莫利兹·罗森塔尔说，有一次，弗洛伊德与他的父亲在街上因为某一问题产生了争论，父亲雅可布怒不可遏地说:“怎么？你跟你父亲对立？我的西格蒙特的小蹄子虽然比我的脑袋更机智，但你休想有胆量同我对立！”

父亲与儿子之间的“对立”和“竞争”，在弗洛伊德的心目中留下了深刻印象。这种印象，再加上他开始从事心理分析之后的观察发现，使得弗洛伊德得出了一个非常重要的结论——人类天生具有“弑父情结”，从一出生，他就注定要和父亲展开斗争，以摆脱被统治、被支配的地位，争取独立自由的权利，进而掌握家庭的主导权和社会的主动权。

这一观点，在《梦的解析》一书中也有所体现。

典型的梦

如果一群人围在一起讨论梦境，那么他们肯定会发现这样一个奇怪的现象：很多人都做过相同的梦。弗洛伊德将这些经常被不同的人梦到的梦境，称之为“典型的梦”。而且，他认为这种梦大有深意。

弗洛伊德所指出的第一种典型梦境就是“梦到亲人死亡”。在弗洛伊德看来，这种梦与我们上一节所提到“弑父情结”有关。

在所有梦境中，最令人感到悲伤的梦就是梦见自己的亲人或朋友离开了人世。如果用“梦是愿望的达成”来解释这种梦境，大部分人可能不会接受，他们会问：“难道我希望自己的亲人死去吗？”

弗洛伊德的回答是：“是的，做这个梦的人，必定在其一生的某一段时间，比如童年时，曾有过如此的希冀。”

在研究那些关于“父母死去的梦”时，弗洛伊德发现，男人往往会梦到父亲死去，女人则会梦到母亲死去。他认为，这是“恋父情节”和“恋母情结”在作怪，弗洛伊德在著作中写道：“女孩的最早感情对象是父亲，而男孩的对象是母亲，因此对男孩而言，父亲变成可恶的对手。同样地，女儿对母亲也是如此。”也就是说，孩子们在童年时，可能确实存在对父母的敌意。

在亲人死亡的梦境中，也有很多人梦见了自己的兄弟姐妹死去了。这是因为在儿童尚未懂事的时候，大多数人都对自己的兄弟姐妹产生过敌意。他们会想：如果没有姐姐（妹妹），我就能得到父母全部的爱了。有时候，这种敌意非常可怕。弗洛伊德就曾经见过一个不到 3 岁的女孩，竟然试图将自己的弟弟勒死在摇篮里，理由是：这小家伙活着对我不好。

但随着年龄的增加，利他助人的冲动与道德的观念开始形成，儿童便会放弃对兄弟姐妹的敌意。但是，儿童时不理性的期望，依旧会出现在他们的梦中。

“期望”亲人的死亡，是不道德的。但是，为什么梦会将这种“期望”不加伪装地表达出来（前面我们已经说过，大多数“不道德的梦”会被伪装起来），弗洛伊德认为有两个原因：第一个原因是，这种期望潜藏得太深，所以人人深信这些愿望甚至在做梦也不会被发现；第二个原因是，这种梦虽然来源于不好的愿望，但同时也表达了对亲人的关爱，所以无需隐藏。

相信弗洛伊德在解析这类梦境的时候，一定也想到了自己童年时期与父亲的“竞争”，并以此作为了“自证”的依据。

除了“亲人死亡”之外，弗洛伊德还例举了其他几种典型梦境，并对其作出了分析。

第二种典型的梦境令人非常尴尬——人们会梦见自己的衣服找不到了，赤身裸体地出现在众人面前。

弗洛伊德认为，这种梦的起源可以追溯到人的童年时代。在童年时，人不会因为不穿衣服而感到羞愧，相反，孩子们大多数更加喜欢光溜溜地玩耍，而这个时候，大人们便会说："嘿！你还不害臊，不要再这样了！"于是，孩子便会不情愿的穿上衣服。但是，这种关于"脱光衣服、自由玩耍"的愿望，却始终留在他们心中。所以直到成年后，他们还是会在梦中达成自己的这一愿望。

关于"不穿衣服的愿望"，其实在成年人的身上有时候也可以明确地体现出来。弗洛伊德举例子说："有位朋友曾推荐我看凯勒尔的作品《年轻的亨利》，其中有一段特别值得关注，'亲爱的李，我想你永远不能体会奥德赛斯回到家，赤裸全身、满身泥泞地在瑙希伽及其玩伴面前时所感受的激情！你想知道那种心情？且让我们仔细地体会这件事吧！如果你曾经背井离乡，远离亲朋好友而迷途于异乡；如果你曾饱经苦难；如果你曾陷入忧患、被人背叛，那么在某一天的晚上，你会梦到你重回故里，你看到了那熟悉、最可爱、最美丽的场景；很多很多你所思念的、感激的人们来欢迎你，而突然间，你发现自己衣衫褴褛、近乎赤裸地的出现在他们面前，马上你会被一种无可名状的羞惭、恐惧所攫袭；你希望找个东西来掩盖自己，甚至希望找个地缝钻进去。一个饱经忧患、颠沛于暴风雨中的人，只要有人性的话，必会有这种梦的'。"

第三种典型的梦境是"焦虑梦"。在这种梦中，我们为某件事情而备感心焦，但事实上，这件事情可能是无关紧要的。

一个孩子对弗洛伊德讲述了一个梦。他梦见一个很大的绘着花卉的盘子里，放着一大块烤肉，但是，突然间那些肉就不见了，也不知是被谁吃掉的。为此他十常着急。

这个孩子的焦虑，代表了什么呢？弗洛伊德通过一番询问，搞明白了事情的前因后果。原来，在做梦的当天，小家伙因为太过淘气，被父亲惩罚，不许吃晚餐。所以，他是带着饥饿感入睡的。于是，在孩子的梦中就出现了美妙食物——一大块烤肉。

谁在梦中吃光了食物呢？就是这个孩子。因为他被惩罚不许吃东西，所以在梦中他也不敢像通常饿了的孩子所做的梦一般，坐在餐桌旁大吃一餐，因此梦中这吃掉烤肉的人就一直不敢露面。那个人恰恰就是他自己。

由此可见，那些焦虑的梦境，也是一种愿望的达成。弗洛伊德自己也曾做过这样一个梦，他梦见一个叫奥图的朋友看起来像生病似的，脸色褐红，眼球突出，似乎患上了巴瑟洛氏病。这让弗洛伊德很焦虑。

奥图是弗洛伊德的家庭医生，几年来一直照顾弗洛伊德家人的健康。他不仅在弗洛伊德家人生病时及时给予治疗，并且每次登门时，总会找些借口给弗洛伊德的孩子们带一些礼物。

在弗洛伊德做梦当天，奥图曾来他家一趟，当时弗洛伊德注意到他看来十分疲累倦困。于是当晚便梦见他患上了巴瑟洛氏病。

对于这个简单的梦，弗洛伊德并没有简单的把它归结于“关切友人的健康”，而是想起了一件与这个梦有关的事情：

有一次，弗洛伊德与一些朋友坐在一辆车上赶夜路。当时开车的司机过于疲劳，导致翻车，所幸众人无事。由于不能再赶路，只好在附近的村子里过夜。弗洛伊德等人的遭遇让村子里的人对他们很是同情，一位看起来像患上了巴瑟洛氏病的男士前来招呼他们，问他们需要些什么。弗洛伊德的朋友说：“不要什么，借我一套睡衣就好！”那人回答说：“抱歉之至，这我可没有。”

弗洛伊德将这件事情与自己的梦联系起来，得出了这样一个结论：奥图在梦中之所以患上了巴瑟洛氏病，是因为他将奥图与那位帮助他们的男士混淆在了一起，而奥图与那位男士的相同之处在于：“如果弗洛伊德有不幸，奥图会像那村民一样对我们关怀、贴切。”这当然也是他的一种愿望。

第四种典型的梦，是“考试梦”。弗洛伊德发现，有些人会经常梦见自己考试失败。奇怪的是，梦到这种梦的人，大多数是那些已经通过了考试的人。

与“考试梦”相类似的，还有其他一些与考试有关的梦，比如，弗洛伊德的一位患者就告诉他，自己经常梦到未能获得博士学位，但事实上，他早就拿到了学位，工作了好几年。

在弗洛伊德看来，在优秀的人心中（这里的优秀的人可以理解为那种在任何考试中都顺利通过的人物），“考试不过”意味着“重大的错误”，因此，这些人犯了错之后，他们便会做“考试不过”的梦，这其实是对自己错误的一种焦虑，进而希望将这种错误转变为考试不过这样的小错上。

这便是弗洛伊德对典型梦境的解释，它很好的阐述了我们生活中一些常见梦境所代表的意义，也是《梦的解析》一书“实用化”的代表。

梦中性事

人每天都在做梦，每天！但是在大部分时候，我们会觉得自己睡了一个安稳觉，“一夜无梦”。那么，我们为什么会忘记自己做过的梦？这是弗洛伊德关于梦境研究所遇到的又一个问题。

弗洛伊德将忘记梦境的情况分为两种：

第一种就是完全忘记，知道自己做梦了，但是却怎么也想不起来情节；

第二种是错误的记忆，只记得一部分，完整的梦境是通过想象、加工之后得来的。

梦境的遗忘，对弗洛伊德的分析造成了巨大的麻烦，因为梦中最琐细的元素往往是分析梦境的关键。为了“补全”梦境，他开始着手分析梦境遗忘的原因。

事实上，人不仅难以保证梦境回忆的正确性，很多时候，人也难以保证现实回忆的正确性。弗洛伊德说:“一般而言，我们无法保证记忆的正确性;但却往往将它赋于超过客观性的信任。”也就是说，在人们回忆往事的时候，往往会虚构其中的一些内容，这些虚构的内容连虚构者本身都会相信。就像有些说谎者会相信自己所说的谎言一样。只不过在回忆梦境的时候，这种情况会更为明显。

梦境之所以更容易产生遗忘或错误记忆的原因是，梦所呈现的，是经过精神价值的完全置换，和现实不同。也就是我们之前说过的“梦境所要表达的主题和梦境的内容并不完全相符”。这种逻辑上的异常，导致了记忆的困难。

弗洛伊德发现，通过对做梦者的引导，有时可以补全梦境中被遗忘的部分。而这些后来才想起来的部分，往往是整个梦境中最为关键的部分。人们之所以会忘掉这最关键的部分，是因为对“事实”的阻抗，也就是说，这是一种选择性的遗忘。

弗洛伊德发现，自己在分析自己的梦境时，有些梦当时难以被分析，但是过了数年之后，却恍然大悟。他说:“这些梦在经过长时间隔离后反而变得比近期的梦更容易解释，可能是因为我在这段时间内已把一些内在的阻抗克服了。”

在心理学中，弗洛伊德提出了一个关键性的词语“防御机制”，也就是说人的潜意识会主动摈除那些让自己不愉快的情绪或是记忆，这就导致了遗忘。梦境中的遗忘也由此而来。

我们会忘记自己的梦，但是有些时候，我们也会对梦中的某些事物记忆深刻。那么，这些事物出现在梦中，到底代表了什么？在《梦的解析》一书中，弗洛伊德列举了一些梦境中特定事物的含义。相信很多人对此会非常有兴趣，因为这部分像极了一些“迷信书籍”诸如“梦到水有好运”之类的描述，只不过，弗洛伊德是通过心理学的分析方法去加以解读。

例如：

梦中出现的皇帝和皇后，通常指的是做梦者的双亲。而王子或公主则代表梦者本人。

所有长条状的物体——木棍、树干及雨伞，也许代表男性性器官。指甲锉虽然不长，但是也有这方面的意思，弗洛伊德认为也许和其擦上擦下之动作有关。

箱子、皮箱、橱子、炉子则代表子宫。花朵代表女性的器官。

……

弗洛伊德认为，梦中出现的某些事物，确实有特定的含义，他在许多做梦者的身上也找到了证明这一理论的证据。

在与一个保守女孩子的交谈中，弗洛伊德听说了这样一个梦：女孩生日那天，为了庆祝生日，她在桌子中间放了一朵花。

这是一个简单的梦境，却引起了弗洛伊德的兴趣，因为他想要搞明白这朵花在梦中究竟代表了什么意思。

弗洛伊德问女孩子:“那是一朵什么样的花?”

女孩子想了一想，说道:“高贵的花，要为它付出代价的。”然后又说：“可能是山谷中的百合，紫色及粉红色，或者是康乃馨。”

在弗洛伊德的理论中，山谷是女性的象征，而百合花代表着纯洁。因此，他推论说:“梦中的话，其实是做梦者在强调自己的贞操的可贵。并且表达出她期待丈夫能够重视其价值。”

这位女孩同意了弗洛伊德的看法，她当时刚刚结婚不久。结婚以前，她一直守身如玉，并希望以此来赢得丈夫的尊敬。

通过这个例子，弗洛伊德更加坚信，梦中的某些事物，确实有一些固定的含义。继续研究下去，弗洛伊德发现了另一个关于梦的真理——在成人世界里，大多数的梦都和性以及表达情欲愿望有关。也就是说，“春梦”也可以视作是一种典型的梦境，甚至是最典型的梦境。关于这一点，有时候做梦人自己都没有意识。那个关于花的梦，看起来与性无关，但表达的实质内容却是性，如果不是弗洛伊德的提醒，那位女子可能自己也意识不到这一点。

弗洛伊德认为，人们之所以如此频繁地梦到性，是因为没有一个本能有像性本能和其各种成分遭受那样大的潜抑。因此，也没有其他的本能会留下那么多以及那么强烈的潜意识愿望，能够在睡眠状态中产生梦。

基于这个理论，弗洛伊德认为在分析梦境时，一定不要忘记“性”这个要素。

事实上，弗洛伊德对于“性”的研究在很早以前就开始。他与布罗伊尔教授共同研究歇斯底里症的时候，就注意到了歇斯底里病与性的关系。

在《自传》中，弗洛伊德曾说:“布罗伊尔不怎么注意性的因素，顶多只把它看成一般的情绪激奋而已。”正如弗洛伊德所说，布洛伊尔认为性在心理发展的过程中起到的作用并没有那么大。这是他与弗洛伊德的主要分歧。

在《少女杜拉》中，弗洛伊德也阐述了潜意识与性动力的关系。

在开始写《梦的解析》一书时，弗洛伊德对“性”有了更多认识。

弗洛伊德成年后，始终记得自己七八岁的一个梦。在梦中，他看见妈妈被两个或三个生着鸟嘴巴的人抬入到室内，把她放在床上……做了这个梦后，弗洛伊德醒了过来，他的情绪非常激动，又哭又叫，把父母都吵醒了。

多年以后，弗洛伊德分析了自己的梦境。他认为，那些穿着奇装异服的、高得出奇的、长着鸟嘴巴的人是“鹰头人”，在德文中，鹰的发音与

“性”的发音非常类似。而母亲之所以脸色不好，因为弗洛伊德潜意识里害怕母亲死去，所以将母亲的形象与死人联系在了一起。弗洛伊德认为“性”与“死亡”正是这个年纪的孩子最为焦虑的事情，所以这个梦其实体现的是焦虑之情。

至于孩子为什么会对性产生焦虑，弗洛伊德说：“成人之间算是家常便饭的性行为可以使看见的小孩感到奇怪并导致焦虑的情绪。”他进一步指出：“儿童对于性的焦虑实际上是因为他们的性冲动受了到压抑。”

在研究梦的过程中，弗洛伊德开始将性作为一个重要的因素，但是在《梦的解析》一书中，弗洛伊德所关注的终归还是梦，所以并没有深入讨论关于性的内容。但即便如此，对于弗洛伊德的性理论，许多批评家都进行了严苛的批评。这些批评家认为，“性”在梦境中乃至在心理学中，并没有那么重要，弗洛伊德的理论很“下流”。

对于外界的批评，弗洛伊德显然已经做好了心理上的准备，因为他知道自己的理论是多么的“离经叛道”，但是他不准备因此放弃自己的理论，因为他相信自己所说的是真理。在《梦的解析》中，弗洛伊德说：“我能用许多的例子来证实这点。而许多表面是淡薄无奇、不为人注意的梦，在分析后却是有关‘性’的，并且是出人意料之外的。”

弗洛伊德举了一个例子来证明自己的观点：一个做梦人对弗洛伊德描述了自己的梦境。在两个富丽堂皇的宫殿后面，有一间门户紧锁的小屋子。一位女士带着做梦人打开了那小屋的门……

弗洛伊德分析说，梦中的小屋，指的其实女性的器官，做梦人在梦中表达的核心是“性欲”。这个做梦人听了弗洛伊德的话深以为然，他承认说，当天晚上，有一位女士向他暗送秋波，当时他在心中暗想：如果我向她提出要求，她一定不会拒绝。于是，这种“愿望”变成梦境——一位女士指引他打开一扇代表女性器官的门。

弗洛伊德关于性的论述，不止在《梦的解析》一书中出现，甚至可以说几乎贯穿了他的整个理论体系。所以，有人说："弗洛伊德的心理学，离不开性。"这一点，在他以后一些著作中也表现得很明显。

因为性的问题，让弗洛伊德在很长一段时间内，被主流学术圈所排斥。在弗洛伊德以后的人生描述中，你将能看到这种状况对于他生命轨迹的深刻影响。

情感与梦境

在研究梦境时，弗洛伊德发现了一个奇怪的现象——梦境的情感与正常状态下的情感有时会非常不同。有时，梦中一些看来是平淡的事件，却会引起了做梦者强烈的感情激动。而对于一些可怕、危险的情况，做梦者却毫无反应。通过研究，弗洛伊德得出结论：这是置换反应的结果。

也就是说，那些可怕的事物之所以不会引起我们的恐惧，是因为它是被置换过的，它代表的真实含义并非表面上所体现的那般。

一位女性告诉弗洛伊德，她梦见在沙漠中看到三头狮子。其中一头向着她大哮，但是她却感觉不到任何恐惧。

在了解了这位女性的家庭情况之后，弗洛伊德认为，梦中的狮子代表的是女性的父亲，因为他的父亲留着一道胡须，像狮子一样。因此，女子才不会感到害怕，因为狮子只不过是表现，而实质是"父亲"。

这就是梦的奇妙之处，梦中的事物可能是"不真实"的，是另一些事物的替代品，但是情感却不会改变。弗洛伊德自己也做过这样的梦。

他梦见在一座城堡，一开始，这座城堡是在海洋边上，后来，梦又“很不负责地”改变了环境——这座城堡不再直接坐落在海上，而是在一个狭窄、连通到海的运河上。这座城堡的主人是P先生。弗洛伊德和P先生一起站在宽敞的招待室，而且，弗洛伊德的身份也有所变化，变为一位海军军官。当时正处于战争情况下，弗洛伊德害怕敌人海军来进攻。P先生也是一位军官，他对弗洛伊德说：“我残疾的妻子和孩子们都在这危城内，如果敌人开始轰炸，我们应该离开大厅。”说着就要离开。但是弗洛伊德却一把抓住了P先生，问他如果需要时，要如何和他通讯。P先生说了一些话，然后跌倒在地上死了。

此时，梦中的弗洛伊德没有丝毫伤心、惊吓的感情，而是开始想“他的遗孀是不是要留在城堡里”一类的问题……

弗洛伊德在分析自己的梦时，一开始不理解为什么P先生的死并未让他显露出任何感情。进行了自我分析后，弗洛伊德认为，梦中的P先生不过是他自己的一个替代物而已，其实他自己才是猝死的城堡主人。这个梦所表达的主要情感，是“我要是死了，我的家庭怎么办?”所以，他才不会感到悲伤。

当然，梦中的“无感情”，也并不全都是“置换”的原因。弗洛伊德认为，许多看来是淡漠的梦，在追究其思想时，却具有深厚的感情。

一位诗人在梦境中总是梦到自己成为了一个裁缝，长时期在裁缝店里工作而没有薪俸。这个奇怪的梦境在几年中持续出现诗人的睡梦中，以至于给诗人带来了极大的困扰。每天梦醒时分，他就会因为陷入一个无休止的梦境而感到迷茫和困惑。但是等到入梦之后，他却对自己的裁缝身份毫无感觉……

在分析诗人的梦境时，弗洛伊德注意到，诗人青年时期确实当过一段时间裁缝的学徒工。对于他而言，那段时间的经历是一种“不堪回首的往事”。而现在，作为一位著名的诗人，他认为自己已经获得了成功。但是在诗人的内心中，存在着一个想法，就是:“我不能因为现在的成就沾沾自喜，我不能忘记曾经那个平庸的自己。”正是在如此想法（这个想法可能是一种潜意识)的催动下，那个关于“裁缝”的梦境才会持续出现。

至于诗人为什么在梦中没有体现出感情色彩，是因为一方面他的潜意识通过屈辱的梦境提醒他不要沾沾自喜，而另一方面他的“显意识”（可以被察觉的主观思维）则对自己的成功充满了自豪。诗人的感情在相互矛盾的意识的作用下，被“抹杀”了。

弗洛伊德本人也有过与诗人相似的经历。那是他刚刚从医时，曾经有过一段非常失败的经历。功成名就之后，弗洛伊德并不想回忆起这段经历。但是在睡梦中，却不由自主的梦到失败的过往。弗洛伊德还说:“如果我对早上的分析工作感到骄傲，并且吹嘘自己是如何的成功，那么晚上做的梦就会提醒着另一件——我没有理由感到骄傲的失败的分析工作，这是个对奋斗成功者的惩罚的梦，就像那位裁缝职工变为名作家后所做的梦一样。”

对于“自我批评”式的梦境为什么不会带有感情色彩，弗洛伊德认为这是因为这类梦所呈现的感情需要经过复杂的程序，所以只有通过分析才可以获悉其中的感情。至于什么是“呈现的感情需要经过复杂的程序”，弗洛伊德解释说，一方面，梦是一种潜意识的表现，而另一方面，梦又受到显意识的“审查”，也就是说，那些不符合人主观想法的情感，会在梦中被压抑下来。在这种梦境的“自我审查制度”中，感情色彩被压抑，所以我们在有些梦中才会显得如此冷漠。

现实中的冷漠情感

弗洛伊德指出，在梦境中，人之所以有时候会显得冷漠，一是因为身份的置换，二是因为情感的压抑。同时，他也说："现实中的冷漠，其实也是因为这两个原因造成的。"他的这个理论，在50多年后，终于被实验心理学家达利和拉丹所证实(实验心理学是心理学的一个支派,提倡用实验来验证心理学中的某些理论)。

达利和拉丹之所以要做这样一个实验，与一件真实发生的事情有关。

1964年3月13日凌晨，28岁的美国女子珍诺维斯在下夜班回家的路上，发现一名男子尾随在自己身后。

当时珍诺维斯非常害怕，就去公用电话亭拨打求助电话。就在此时，那名男子突然快步走到珍诺维斯跟前，掏出一把明晃晃的刀刺在了她身上。

幸运的是，珍诺维斯没有马上死亡，为了保全性命，她大声呼救，希望能得到周围居民的帮助。

珍诺维斯的喊叫声，确实惊动了熟睡中的人们，路边许多居民楼里都亮起了灯，还有人大声喊道："放开那女孩！"

歹徒见形势不妙，便跑开了。

事情发展到这个地步，几乎所有人都可以断定，这个歹徒其实很害怕，怕有人路见不平拔刀相助，所以仅仅是一句"放开那女孩"，就让他赶快逃跑了。而且，珍诺维斯并没有死，但是处境依然危险，她受了伤，而且歹徒还可能回来。

但只要有人出手相助，就能让她摆脱危险的境地。

珍诺维斯的生或死，此刻就掌握在“围观者”的手中，他们若是能够出手相助，就可以挽回一条生命；若是选择冷漠，就等于间接葬送掉了一条性命。

结果令人非常遗憾。所有亮起来的灯都灭了，街道又恢复了死一样的黑暗。没有人站出来帮忙，也没有人报警，甚至没有人愿意亮起一盏灯给女孩一点安慰。

而那个被吓跑的歹徒，见此情形，竟然走而复返。他拿出刀，向女孩砍去。珍诺维斯的痛苦嘶吼声再度响起，虽然有几家人再次亮起了灯。但是这一次，歹徒已经知道那些懦弱而自私的“围观者”并不打算出头，所以他有恃无恐，甚至还在众人的“围观”之下强奸了已经快要死去的珍诺维斯。

即使是这样，也没有人出面制止。

歹徒离开几分钟后，女孩死亡。

珍诺维斯从凌晨3:15开始被歹徒侵害，直到3:50死亡，整个过程持续了35分钟，一共有38名“围观者”目睹了这次犯罪，但是没有一个人做出实质的救助行动。

“珍诺维斯死亡案”的细节公开披露之后，在美国社会上引起了轩然大波。很多美国人纷纷谴责38名冷漠的旁观者，在他们看来，整起事件有些不可思议——那些“围观者”即便是没有拔刀相助的勇气，最起码也应该帮忙报警啊。但是铁一样的事实就摆在眼前：没有人出面，没有人报警。于是，美国人发出疑问：这个社会到底怎么了？人为何会如此冷漠？

这起事件引起了心理学家达利和拉丹的关注，为了搞明白“冷漠”是如何产生的，他们决定做一个实验。

达利和拉丹将这次实验定名为“冷漠实验”。在招募志愿者时，为了保持实验的客观性，他们并没有告诉志愿者自己要做一个什么样的实验，而是谎称这次实验是为了“研究都市大学生的适应能力”（心理学家们经常会用这种“欺骗”手段）。有72个人报名参加了实验，其中女性59名，男性13名，全部都是在校大学生。

此次实验的过程非常简单：在实验开始之后，志愿者被安排单独坐在一个房间里。通过麦克风倾述自己在大学中遭遇的挑战，轮流发言、限时两分钟。

志愿者在发言之后，会听到别的房间里也传来别人倾述的声音，这让他们误认为这个房间有人——其实，其他房间没有人，所谓的倾述声音，只是在实验前安排好播放的录音带。

在志愿者准备就位后，实验人员会先播放录音带。录音带中的这位学生自称患有严重的癫痫病，他用焦虑的声音对“在场的学生”说：“我的病非常容易发作，特别是在考试前，而且大学生活也非常艰难，纽约大学里人才很多、竞争激烈……”两分钟时间到了，“这位同学”停止诉苦，另一个声音响起。

实验人员按照提前排好的顺序播放录音带。志愿者们都认为是有很多人在其他房间和自己一起参加实验。在轮到志愿者讲述自己的遭遇时，他也像其他人一样发了一番牢骚。

两分钟后，志愿者的讲述结束了。新的一轮讲述开始，这次又轮到那位“患有癫痫病的人”讲述了。

意外情况发生了，“癫痫病患者”在说了几句话之后，突然发病。志愿者听到那位患病的同学开始胡言乱语，而且声音越来越大、越来越急切，最后他用哀求的语气说：“我……感觉……非常不好，我需要……需要……帮助，有……有没有……谁……能救救我？我现在……难受……极了，有人……能帮帮我吗？求你们了……我的病……发作了……非常严重，请帮帮我！（上气不接下气）我快死了，救救我！”随后，“他”发出了一阵短暂而急促的喘息。

很明显，录音里的这位“同学”面临着危险，需要他人的救助。而参与实验的志愿者，也完全明白这一点。他们会有怎样的反应呢？

结果可能会让人失望，在参加实验的72名志愿者中，只有21人试图用实际行动去“拯救”患者，比率为31%。

虽然这个结果并不十分乐观，不过我们也没有必要因此就认为“大部分人冷漠、缺乏同情心”。因为没有采取实际行动的志愿者，也并非是“冷血动物”。在听到“患者”的求助声之后，大部分志愿者都显得非常担心，有的说：“天呀，他发作了！”、“糟了！”，有人紧张的呼吸都变得急促起来。“患者”发病6分钟后，实验人员进入志愿者的房间，发现大部分志愿者此时已经是满头大汗、全身发抖，见到实验人员的第一句话就是：“他没事吧？有人照顾他吗？”由此可见，这些人之所以冷漠，并不是他们的本来性格，只不过是受到了某种“压抑”。那么，到底是什么压抑了他们的同情心？为了找着这个问题的答案，达利与拉丹又进行了一次新的实验。

达利与拉丹的第二次冷漠实验，与第一次实验的程序几乎一样。唯一不同的是，这一次实验者对参与实验的志愿者说：“你将和另外一人交谈，因为交谈的内容可能涉及极其私人化的内容，例如讨论生殖器的大小之类的话题，为了保护隐私，你们两个人将被分隔在不同的房间里，使用对讲机来沟通。”

在实验中与志愿者交谈的那个人，其实是一名实验的工作人员。在与志愿者谈话的过程中，他将假装突然病发，并发出求救声让志愿者听到。

第二次实验与第一次实验的区别是，在第一次实验中，志愿者会认为有许多人在场，而第二次实验则只有两个人。

实验的结果会有变化吗？

答案是：有惊人变化。

当志愿者认为除患者外，现场只有自己一个人时，85%的人会在患者发病时自告奋勇地离开房间去救助患者。

我们经常会认为，多多益善、人多力量大。但是这两次实验却告诉我们，在某种情况下，人多不见得是好事儿。当面对紧急情况的时候，如果现场只有一个人，此人会觉得自己有100%的责任解决问题。但是如果现场有10个人，他们就会认为自己只有10%的责任。责任感越弱，就越容易产生“不作为”的现象，进而滋生冷漠。

这种现象在我们的生活中并不少见，例如儿童故事所讲的，一个和尚挑水喝，两个和尚抬水喝，三个和尚没水喝，就是此种心理的写照。假如你是一个管理者，你就更应该意识到，单纯的增加人员，并不能提高产量，甚至会导致产生下降。因为在人少的时候，每个人都必须要完成自己的任务才能实现目标，可是如果人员过多，大家都会觉得：即使我不做，别人也会做的，结果则是“大家都不做”。

为了进一步验证实验结果，达利和拉丹随后又进行了一个小实验：

他们找来一个志愿者，安排他坐在房间填写有关大学生活的调查问卷。与他同在房间里的还有另外3人。这3个人都是达利和拉丹事先安排好的。

在他们填写调查问卷的过程中，实验人员向房间释放一种对人体无害的白色气体。此时，志愿者感到非常惊恐，起身去查看是哪里出了问题。但是当他看到其他3人依旧神态自若地填写答卷时（事先安排好的），他也选择了“不作为”，继续埋头填写问卷。

这个实验真的很有趣！人们宁愿拿生命来冒险，也不愿意独自行动，即使是已经到了“生死关头”。后来达利和拉丹又改变的实验条件，只让志愿者自己一人在房间，结果所有志愿者都马上通知了实验人员。

这次实验，更加证实了通过之前实验所得出的结论——人越多，越没有人愿意承担责任。人们之所以在人多的情况下显得冷漠，正印证了弗洛伊德关于冷漠的第一个解释——置换原因。如果一个人面对的话，人们对自己的身份定位是“参与者”。但是如果人多的话，他们会将自己的身份“置换”为旁观者——虽然当时的场面与一个人面对时并无两样！但是这种“置换”在趋利避害的生物本能的影响下发生了，所以人才会显得冷漠。

通过这个实验，弗洛伊德的理论从梦境照进了现实，由此可见，《梦的解析》解析的不仅是梦境，也包括我们实实在在的生活。

艺术与梦境

《梦的解析》一书对于弗洛伊德的学术生涯和精神分析学的发展而言具有里程碑式的意义。人们突然间发现：原来弗洛伊德的心理学说可以用来解释生活中的很多问题。于是，便有人试图用弗洛伊德的学说解读宗教、文学，这使得心理学有了更宽广的应用空间。弗洛伊德说：“自从《梦的解析》一书问世以后，精神分析再也不是纯粹属于医学的东西了。精神分析来到法国、德国之后，它已经被应用到文学和美学上，以及宗教史、史前史、神话、民俗学乃至教育学领域……我不时会写一点这方面的东西，以满足我对医学之外诸问题的兴趣。”

在《梦的解析》一书中，弗洛伊德说：“作家和艺术家在创作的时候，可以像做梦那样，采取凝缩、改装、转移、倒置、集锦等方式进行构思，这样可以使文学作品更富有浪漫性、戏剧性、典型性、象征性。但是，创作的对象和内容，也像梦的对象和内容一样，是来自现实生活的。在梦中，那些表面看来特别离奇怪异的内容，并不是凭空产生的，而是以往的经验（包括幼年时代的和最近的经验）的复制品。正是在这个意义上，梦的原理和想象的著作、神话、民间传说、语言的大量材料有更密切的联系。"

丹麦著名作家勃兰戴斯曾经与弗洛伊德有过一席关于"梦与艺术的谈话"。

勃兰戴斯，丹麦文学批评家、文学史家，生于犹太商人家庭。1864年毕业于哥本哈根大学。1872~1875年任哥本哈根大学教授期间，发表一系列演讲，以实证论观点评价文学和作家，对西方现实主义文学的发展产生过重要影响，另写有评述普希金、高尔基、莎士比亚和歌德等作家的专论或传记。

1925年，勃兰戴斯去拜访弗洛伊德。交谈中，弗洛伊德与他深度探讨了文学艺术。

弗洛伊德在提起诗歌创作时说："不少当代诗人，并没有听过我的精神分析学和《梦的解析》，但是在他们创作文学作品的过程中，都得出了合乎精神分析理念的结论——文学创作就是以伪装的面目和身份表达受压抑的希望。例如诗人斯皮特勒的《我最早的生活经验》，就是心灵深处不知名力量的协助下所产生的。"

弗洛伊德进而又说："每一个人，其实都有一些不太愿意说出来甚至是他自己都未发觉的隐秘愿望。然而，我觉得我们大可以合理地将所有的梦的不愉快性质与梦的改装放在一起考虑，如果梦中继续进行着白天的心理活动，完成它，并且带来具有价值的新观念，那么我们所要做的便是将梦的伪装撕除。"

弗洛伊德为了证明梦与艺术的联系，还举了个例子说："塔蒂尼的那首名曲，据说是他梦见他将灵魂卖给魔鬼后，就抓起一个小提琴，以炉火纯青的技巧演奏出来的一首极其美妙的奏鸣曲。塔蒂尼梦醒后，立即写下他所能记起的部分，结果就写成了那首名曲。”

在《梦的解析》一书中，弗洛伊德也曾经举了一些例子，来说明文学创作与营造梦境的相似性，其中包括著名作家歌德的一些作品。

歌德年轻时学习法律专业，经常到法官布扶家做客。这一时期，他爱上了法官的女儿夏洛蒂。但是，歌德当时已经和一位叫做格斯特的女子订婚。感情上的纠结让歌德陷入到了无比悲观的情绪中。

不久之后，发生了一个事件——歌德的好朋友叶沙雷因为爱上了一个有夫之妇而自杀。叶沙雷自杀时所使用的手枪是正是歌德的未婚妻格斯特借给他的。歌德从格斯特那里听说了这个消息后，情绪非常激动。就在这样的刺激下，他突然灵光一闪，一下子涌出了《少年维特的烦恼》的蓝图。

弗洛伊德认为，歌德之所以突然间爆发了创作的灵感，其实就是和做梦一样——在心中压抑已久的“爱的本能”终于“变形”而表现为伟大的文艺作品。

艺术创作最为关键的部分是什么，是理性的思考还是非理性的“灵感”?弗洛伊德的答案是，灵感更重要。也就是说，艺术中最打动人心的部分，来自于“潜意识”中的某些东西，而不是理性的思维或者是精湛的技艺。

弗洛伊德的弟子、法国精神分析学家达比兹曾经以罗逊创作《冰岛渔夫》的过程来说明弗洛伊德这一观点的正确性。

作者罗逊在做海军士官时，爱上一位布达纽女郎。但是这位女郎对他却没有丝毫情意，因为她已有了的未婚夫。饱尝失恋痛苦的罗逊，对那位女郎始终难以忘怀。于是，他写成了《冰岛渔夫》这本受人传诵的小说。

小说中，那位布达纽女郎最后和冰岛人结婚，冰岛人在一次出海捕鱼时，死在了海上。作者恋爱失败，内心潜藏着对情敌的痛恨，希望置对方于死地，但这种欲望在现实世界里是不被容许的，所以只能小说中达成愿望。

如此看来，小说在某些时候和梦一样，也是一种“愿望的达成”。

弗洛伊德说:“很显然，理想王国实际上是一个避难所。它之所以存在，是因为人们必须放弃现实生活中某些本能的需求，从享乐主义原则退缩到现实主义原则，这个过程中会经历痛苦。这个避难所就是为了逃避痛苦所建造的。所以，艺术家就如同一个患有神经病的人，从他所不满的现实世界中脱离出来，投入到想象世界中。他们能够在两个世界自由的穿梭，并未脱离现实。他们的创作，即艺术作品，就如同是梦一样，是潜意识中愿望的达成。而且，创作也和梦一样会向现实妥协（梦的检查机制），因为它们也不得不避免和受压抑的力量的正面冲突。文学艺术最大的不同在于，梦是以尽量不被人所注意的情节出现（梦中的事物多是生活琐事），但是艺术作品却要尽量引起人的注意。精神分析所能做的工作，就是找寻艺术家个人生活的印象、他的机遇、经验及其与他们的著作之间的相互关系，从而导出该作者在创作时的所有思想和动机，换句话说，找出他们与全人类共有的那一部分心理。”

总而言之，艺术、幻想与一切我们营造出来的虚构世界，其实都如同一场梦。很多时候，我们确实活在梦中。

出版历程

《梦的解析》一书出版于1900年。事实上，此书的成书时间要更早，在弗洛伊德写作和出版本书的过程中，遇到了一些阻力。

我们说过，弗洛伊德研究梦境是从 1895 年前后开始的，而他第一次萌生写一本相关著作的想法是 1897 年，在给一个朋友的信中，弗洛伊德说："我要强迫自己去写一本《梦的解析》的著作。"

弗洛伊德之所以滋生写书的念头，是因为他发现科学界很少有人对梦的现象进行系统的研究。在"释梦"这个领域，一直被各种迷信的、民间的理论所占领，这是弗洛伊德所不能容忍的。所以，《梦的解析》一书也可以看做是弗洛伊德对"迷信思想"的一次挑战。

1897 年，弗洛伊德开始投入写作，到 1898 年 2 月底，《梦的解析》的前几章就已经成型。他之所以能如此高效的完成这样一项浩大的工程，是因为他准备得很充分，所以写起来得心应手。

1898 年 3 月 8 日，《梦的解析》的第一部分完成。弗洛伊德对自己的作品非常满意，他自豪地说："无疑地这是写得最好的一部分。"

几个月后，弗洛伊德又完成了书的第二和第三部分。此后，弗洛伊德没有继续写下去，而是开始着手写一些一般心理学的论文。他之所以停下来，是因为在写《梦的解析》最后一部分时，遇到了一些麻烦。这些麻烦一是来自于书中不得不涉及到他的家庭隐私，弗洛伊德还没有想好要不要把这一部分内容公之于众。二是因为最后这部分内容，是总结性的、理论性最高的部分，因此，弗洛伊德在写起来会非常吃力，但它恰恰是该书的精华所在。弗洛伊德在写之前有些"畏惧"，所以才会停下笔来。

过了几个月，弗洛伊德又突然开始继续写作，至于他为什么又决定写下去，弗洛伊德给出的答案是："没有特别的理由。"不过，他很明显已经找到了写最后这部分内容的方法，写起来非常快，用弗洛伊德的说法就是"像做梦似的"。

两个星期之后，《梦的解析》全书完成。

当弗洛伊德将全书写完，把稿子送去出版时，有一种孩子即将要离开自己的感觉，但是一想到这本书将会印成铅字出版，弗洛伊德也觉得很欣慰。这真是一种复杂的心情。

准确来讲，《梦的解析》一书应该是出版于 1899 年 11 月 4 日，但出版商故意在封面上标注 1900 年出版，为的是“数字看起来更有意义”。

在书的扉页上，魏吉尔写了一句话“假如我不能上撼天堂，我将下震地狱”。

对于自己的作品，弗洛伊德非常满意。有一次，朋友问他哪本书是他最喜欢的，弗洛伊德从书架上拿出《梦的解析》与《性学三论》来，说:“我希望这一本书（指《性学三论》）能因为大家都接受这个学说而很快就过时。但是，那一本书（指《梦的解析》）就得流传很久一些。”接着，弗洛伊德又说:“我的命运似乎注定要发现那些显而易见的事情，例如孩子有性感触这件事，每一个保姆都是知道的；而夜梦和白日梦一样，它代表愿望的实现这件事，原也是众所周知的事。”

《梦的解析》在心理学史上就像一把火炬，照亮了人类探索前进的脚步。这倒不是说此书解释了怎样重要的心理学要义，而是说它告诉人们：原来心理学的应用如此广泛，生活中的每一件事，都可以从心理学的角度加以分析，拓展了心理学研究的广度。

虽然本书的意义如此重大，但是却在市场上遭遇了“滑铁卢”，它一共发行了 600 本，花了 8 年才卖完。弗洛伊德从这本书中所获得的经济收益，也不过区区 600 美元。在它刚刚出版之时，并未引起足够的重视，以至于弗洛伊德在给朋友的信中抱怨说:“没有一本科学性期刊提到这本书。只有非学术性杂志在少数地方提到了它。”

那些注意到本书的人，也未能及时发现它的价值，甚至有一些不学无术之人对它大加批判，《维也纳时报》发表了“纳柏格剧场”前任经理柏克哈特的一片文章，文章中声称《梦的解析》“毫无价值”。这种不负责任的言论严重地影响了该书在维也纳的销路。

6 个月后,《柏林日报》和《白天报》才发表了一些对弗洛伊德有利的评论,但是却也未能影响大局。

直到 10 年之后,《梦的解析》才走出厄运,逐渐被人们所重视。在弗洛伊德有生之年,这本书再版 8 次,销量可观。

该书还被翻译成了各种外文版本,1913 年有了英文版和俄文版,1922 年有了西班牙文版,1926 年有了法文版,1927 年有了瑞典文版,1930 年出现的日文版……总而言之,它变成了一部世界性的书籍,引起了广泛的重视。

是金子总会发光,有价值的东西很难被埋没。

第四章

青年弗洛伊德

伟人在成为伟人之前，也有过青涩的岁月。在那段岁月中，他们也曾为了生活而奔波，为了爱情、婚姻而迷乱，为了前途、生计而求索……弗洛伊德也曾经是一个如此平凡的人。他所经历的情感纠葛、人生起伏，与其他人并无二致。那么，他又是如何冲出平凡，走向成功的呢？这是我们这一章所要思考的问题。

对于文学的热爱

读弗洛伊德的书，你会发现他与其他科学家最为不同的地方——在弗洛伊德的书中，不仅有逻辑严密的推理和各种专业的词汇，也充满了语言优美的描述和对于各种经典文学名著信手拈来的从容。

弗洛伊德的作品中同时兼具了理性的思考和感性的艺术渲染，这离不开他从小对于艺术的热爱。我们不妨回到他的求学阶段，看看是怎样的经历成就了一位理性与感性兼容的伟人。

弗洛伊德自幼喜欢文学，尤其喜欢阅读作家歌德和莎士比亚的文学作品。

弗洛伊德特别崇拜莎士比亚，他从 8 岁就开始读莎士比亚的著作，几乎读完了莎士比亚所有的名著。弗洛伊德不仅是读名著，还总要在名著中摘引最精华的部分，背诵得滚瓜烂熟。

弗洛伊德最佩服莎士比亚的“精确和深刻”，特别敬仰莎士比亚对于人生要旨的精湛理解。他的朋友甚至评价他是一个“莎士比亚迷”。

弗洛伊德所崇拜的另一位文学家是歌德。

对于歌德作品中的经典段落，弗洛伊德非常熟悉，在《自传》中，他就曾经引用歌德名作《浮士德》中的一段话：“对科学的广博涉猎是徒然的，每一个人都只能学到他所能学到的东西。”

歌德写过许多经典的诗作，弗洛伊德喜欢其中的一些作品，并经常大声朗诵，例如：

我在遥望远方，我在凝视近旁，
上看月和天星，下见林木麋羊。
万象在我四周，美饰庄严悠久，
我心爱此庄严，我心爱我身手。
福哉我呼我眼，凡汝之所曾见，
毕竟无物不美，不问天上人间。

歌德的诗歌经常会将弗洛伊德带入到大自然的奇妙景色中。诗句中对自然的赞美，激励着弗洛伊德向自然探索奥秘的好奇心。弗洛伊德曾经说过：他的好奇心首先是指向人类本身所关心的那些事物上。毫无疑问，人类个人本质恰恰是人类最关心的问题之一。

用现在的话来讲，弗洛伊德比较“早熟”，而且从小情商很高。在儿童时期，他对于人的感情、性格和各种幻想就已经有所察觉，对于搞明白人的内心所想很感兴趣。

16岁时，弗洛伊德的初恋降临了。当时他回到自己的出生地弗莱堡去探亲，遇见了儿时的玩伴吉夏拉。

再见吉夏拉，弗洛伊德心生爱意。他甚至想，若是自己当初不离开故乡，现在说不定就成了一个粗壮的农村少年，已经与吉夏拉结婚了。弗洛伊德后来分析说，此时的他已经进入到“青春发动期”的阶段。

青春期的弗洛伊德对自己的未来并没有十分确切的打算，他想要成为一名文学家，也考虑过做一位政府部长或政治家。在回忆起自己当初的那段经历时，弗洛伊德说：“那时的我，其实后来也如此，对于医生这一行，并没有感到特别的兴趣；与其说是为了兴趣，还不如说是为一种对人类的好奇心所动……”

最终让弗洛伊德决定投身医学，是受歌德和达尔文的影响。一方面，歌德诗歌中关于人与自然的部分，引发了弗洛伊德对于探究人类自身奥妙的兴趣；另一方面，达尔文的进化理论，也使弗洛伊德对人这种“生物体”产生了兴趣。

1873 年秋，弗洛伊德顺利地升入了维也纳大学医学院。那一年，弗洛伊德 17 岁。

天才靠灵感，成功靠勤奋，而伟人则两者兼具。弗洛伊德正是一个灵感与勤奋的综合体。进入大学后的第一个学期，他每周花在学习上的时间要比其他同学多很多。每周，他会用 12 个小时听解剖学课，6 个小时上化学课。其余时间都用在做实验上。到了第二个学期，弗洛伊德开始学习解剖学、植物学、化学、显微镜实习和矿物学，除此之外，他还选修了由动物学家克劳斯主讲的“生物学与达尔文主义”课、布吕克教授主讲的“语态和语言生理学”课。在学习过程中，布吕克教授成为了弗洛伊德最尊敬的导师。他曾经这样说：“经过大学前 3 年的学习，我发现由于我的天赋能力的特殊性和局限性，我将不能在我年轻时所热衷的那些科学领域中取得成功……我终于在布吕克的生理实验室找到归宿，获得满足。同时，我也在那里找到我所尊敬而以之为模范的人物，即伟大的布吕克本人及他的助手西格蒙特·艾克斯纳和厄纳士特·冯·弗莱斯尔·马兹科。”

维也纳大学建于 1368 年，自 1804 年开始，大学规定医学院学生要学习 3 年的哲学课。弗洛伊德的哲学老师是布连坦诺教授。

布连坦诺是奥地利的天主教哲学家，他的哲学理论在当时和以后都对西方哲学界产生了很大的影响。弗洛伊德也在一定程度上受到了布连坦诺的影响。

对于恩师们，弗洛伊德总是保持着既严肃又谦虚的态度。他首先领会他们的观点，然后进行深入地和创造性地独立思考。他有一个最大的优点，就是在自己的观点还未成熟之前，从来不着急下结论。

弗洛伊德早在中学时期就学会了希腊文、英文和拉丁文，这给他的学习带来了极大的好处，因为当时许多学术作品都是用拉丁文写的，别人看不懂，但是弗洛伊德不存在阅读上的障碍。

1875 年，弗洛伊德一家搬到了约瑟夫皇帝街的一所大房子里，对此，他很高兴，因为他终于有了更好的学习环境。

弗洛伊德喜欢读书，常年书不离手。而他读书最大的“敌人”，就是不能保持安静的弟弟妹妹们，为此，弗洛伊德没少和他们闹矛盾。

弗洛伊德的妹妹 8 岁时，家里人给她买了一架钢琴，这架钢琴虽然放在离弗洛伊德房间较远的地方，但妹妹练琴的声音还是干扰了弗洛伊德的学习。所以，弗洛伊德坚持要求把钢琴抬走。父母为了照顾弗洛伊德，只好照办了。事实上，弗洛伊德之所以坚持要求家人抬走钢琴，还有另外一个原因——他讨厌音乐，这是他的怪癖之一。

19 岁那年，弗洛伊德终于实现了自己多年的梦想——访问英国。这是两年前他父亲为酬报他的“全优”中学毕业考试而答应下来的。

弗洛伊德如此向往英国，很可能是因为英国人并不十分排斥犹太人。他的两位同父异母的哥哥，就生活在那里，过着自由的生活。

在英国，弗洛伊德见到了自己的侄儿兼朋友——约翰。

约翰是弗洛伊德哥哥的儿子，但是他比弗洛伊德的年龄还大两岁。小的时候，两个人经常在一起玩耍，关系很近。弗洛伊德曾经回忆说：“直到我 3 岁为止，我们之间建立了牢不可破的联系。我们曾经互相敬爱又经常争斗；而这种童年时期的关系……对我以后处理人际关系的方式产生了决定性的影响……当他粗暴地对待我的时候，我就一定会非常勇敢的加以反抗。”接着，他又说：“在我的感情生活中，始终都存在两个形象。一个是密友，一个是敌人；成年后，我经常会“复制”这种关系，这也来源于我童年时的经验，以致任何一个人都可以同时成为我的朋友和敌人，就如同我与约翰的关系那样。”

弗洛伊德来到英国后，他的哥哥负责接待他。哥哥写信给父亲说：“弗洛伊德在英国时表现了令人敬佩的气质和风度。”由此可见，他们兄弟之间的感情还是相当不错的。

从英国回到奥地利后，弗洛伊德再次将自己的精力放到了学习上。当时，弗洛伊德已经将课程内的知识全部掌握了，他开始自学其他科目，并参加了一些研究活动。

弗洛伊德的研究活动是在卡尔·克劳斯教授的安排下进行的。

卡尔·克劳斯教授是德国人。1874 年，他从德国哥丁根大学来到维也纳大学任教。维也纳大学希望他的到来可以使本学校的动物学专业压到最先进水平。

克劳斯对于海洋动物非常了解。1875 年，他建立了全世界第一所动物实验室。根据他的提议，每年要从维也纳大学选派一些优秀的学生到该实验站实习两次。1876 年 3 月，在他所批准的第一批前往实习的优等生中，弗洛伊德赫然在列。

在动物实验室，弗洛伊德每年都要花上两个月的时间进行科研活动。

一次，弗洛伊德跟随克劳斯到亚德里亚海滨去做一次有趣的科学考察。这次考察中，弗洛伊德生平第一次亲眼看到了欧洲南部的古老文化成果，而且，他还在当地买了一些古董回来。弗洛伊德收集古董的爱好，就是从这时开始的。

除了参加动物实验之外，弗洛伊德还加入了布吕克教授开设的生理研究室。在这里，他结识了艾克斯纳和弗莱斯尔，二人是布吕克的助手，后来也成为了弗洛伊德的同事和亲密朋友。

最初的启蒙

弗洛伊德的导师布吕克教授，是一位典型的德国人——踏实严谨、矢志不移。他身材矮小，但头脑中充满智慧，走起路来总是很稳重。虽然信教，但是更相信科学和事实，不承认其他的“权威”。有一次，布吕克的一个学生在自己的论文中写道：“皮毛的观察表明……”结果布吕克在这句话下面重重地打了个叉，并在旁边写道：“一个人任何时候都不能皮毛地进行观察。”在布吕克门下，弗洛伊德掌握了观察事物的方法，这对于他日后的研究工作至关重要。

他对学生的要求非常严格，如果有哪个学生犯下了愚蠢的错误，布吕克就会一言不发地坐在讲台上，面色阴沉，直到犯错的学生知错了为止。在维也纳大学，布吕克的形象是一个冷酷无情、“纯理性”的人。但是由于他尊重一切有独创性的学生，勉励他们进行创造性的研究，帮助学生更好的完成学业，所以，维也纳大学的师生们没有一个不尊重他。

布吕克教授在 1874 年出版了《生理学讲义》一书，在这本书的导言中说：“生理学就是有机体本身的科学。有机体同无生命的但能活动的物体——机器的区别就在于它有同化的能力，但这种能力实际上是整个物质世界所共有的现象。原子系统是通过力运动的，而力的运动是依据由罗伯特·迈尔在 1842 年发现，然后又由赫尔姆霍兹加以推广的能量守恒定律的。力的总和（运动的力和潜在的力）在每一个独立的体系中始终都保持固定。真正的原因就是科学上加以形象化的所谓‘力’。我们关于‘力’知道得越少，我们所加以区分的‘力’的类型就越多：机械力、电力、磁力、光、热等。知识的发展最后把力归结为两种——吸引和排斥。所有这些也同样适用于作为有机体的人。”

布吕克的这段话引发了弗洛伊德的思考。显然，如果导师所说的确属事实，就相当于每个人都处在一个“力场”中，各种力量对人同时发生作用，影响着人生的轨迹。那么，影响自己生命轨迹的那个“力”又是什么呢?

不久之后，弗洛伊德就感受了“命运之力”的作用。

1876年秋，弗洛伊德20岁，布吕克教授要他到生理学研究室当他的正式助手。弗洛伊德与布吕克的合作，在他的一生和科学研究活动中是一个重要的转折点。

生理研究室在一个很简陋的房子里，原来是一家兵工厂。实验室的环境非常恶劣，时常散发着臭气。弗洛伊德在这里观察显微镜、听布吕克讲课、做实验。

研究室虽然简陋，但是由于他的“主人”是世界上最好的生理学者之一，所以还是有大批来自世界各地的学子前来求学，其中就包括艾克斯纳和弗莱斯尔。

虽然布吕克倾向于鼓励学生选择自己的研究题目，但他也为那些较为胆小或不知所措的初学者提出研究题目。对于弗洛伊德，布吕克则专门为他的特殊才能安排好了一个研究题目——神经细胞的组织学。

具体说来，弗洛伊德要研究神经元的内在结构，探讨高等动物的神经系统的构成细胞与低等动物的神经细胞的差别。

当时，弗洛伊德研究的具体课题是“鳝鱼生殖腺的结构”。

鳝鱼是一种很奇怪的鱼，正如弗洛伊德所说：“尽管经历了多少个世纪，也没有一个人见过鳝鱼的睾丸，没有一个人发现过哪怕是在一条性成熟的公鳝鱼身上。”为了搞明白鳝鱼的生殖腺结构，弗洛伊德解剖了 400 多条鳝鱼，最终在显微镜下发现了一种小叶状的生殖腺，弗洛伊德认为这就是鳝鱼的未成熟的睾丸。

1878 年 7 月 18 日，弗洛伊德在奥地利科学院发表他的实验报告，这份报告受到了许多专家的认可。

在此后几年中，弗洛伊德的研究取得了一系列成果，这对于一个尚未毕业的大学生而言，实属难得。但是，他对于生物学的研究未能进行下去，因为他被拉去当兵了。

当时，奥匈帝国（奥地利）正同沙皇俄国争夺巴尔干半岛，为了增加兵员，政府命令所有适龄青年必须要到军队服役。

在军队中，弗洛伊德的日子过得并不舒心。24 岁生日那天，他因为未请假外出而被关了禁闭，他只能在狭小、黑暗的禁闭室中度过一个富有纪念意义的日子。

幸运的是，弗洛伊德虽然参军，但是战争并未马上爆发。在军队这段时间，他开始翻译外国名著，其中包括英国哲学家约翰·斯杜亚特·穆勒的著作。弗洛伊德很有语言天赋，对于英语尤其精通，所以在翻译过程中，他不仅把原文的意思译出，而且还译出风格，翻译工作进行得很快。

毕业之后

弗洛伊德在军队中服役的时间很短，不到一年，他就又回到了学校，继续自己的学业。

1881 年 3 月，弗洛伊德以优异的成绩通过了医学院的毕业考试，正式毕业。得到一个医学士的学位对于弗洛伊德而言其实是手到擒来的事情，而人生的道路则是漫长的，生活和科学研究的重担马上就要落在他的肩上。25 岁的弗洛伊德早已为自己的未来做好精神上和物质上的准备。

弗洛伊德毕业之后的最初几个月，继续留在布吕克教授的生理研究室里，同时还在大学里担任助教的工作。此时的弗洛伊德过得并不舒心，因为在事业上他根本没有任何突破，也没能获得想要的社会地位，每个月只能挣到 40 美元。作为家庭里的经济支柱，他还承担着赡养父母和 7 个弟妹的重任，这让他本来就很微薄的工资更显得捉襟见肘。

父亲和布吕克教授都劝他改行，去当一名专职的医生，处于困境的弗洛伊德也认为这是改变自己生活状况的一个好办法，于是便接受了建议。

1882 年 7 月 31 日，弗洛伊德来到维也纳全科医院工作，担任了外科医生。

外科医生工作是一项很费体力的工作，弗洛伊德每天下班后，都会感觉精疲力尽。而且，他的爱好和特长也并不在此。

两个月后，事情再次出现了转机。同年 10 月，在西奥多·梅纳特的推荐下，弗洛伊德来到了著名医生诺斯纳格的诊疗所，当一名实习医生。

诺斯纳格医生是德国人，有着德国人典型的严肃、一丝不苟和精益求精的工作作风。他对下属的要求很严格，他曾经说过："如果每天都想要睡 5 个钟头以上的人，那就别研究医学。每个医学学生，都必须每天要从早晨 8 点开始听课，一直到下午 6 点钟。之后，他回家还会继续研究至深夜。"

诺斯纳格虽然严厉，但是他的专业精神和优良品质，还是赢得了弗洛伊德的尊重。在诺斯纳格的诊所里，弗洛伊德干得十分起劲。

不过，弗洛伊德并没有在诺斯纳格诊所工作很长时间，因为他的志向仍然是从事与心理学有关的工作，而诺斯纳格并不能提供这样的岗位。

半年之后，弗洛伊德又来到了西奥多·梅纳特的诊所。这是一位著名的神经病学专家，也是弗洛伊德大学时代的导师和心理学的启蒙者，能够在这样一个人的手下工作，弗洛伊德自然非常满意。

梅纳特最大的成就是对大脑神经错乱症的研究，因他在这一领域的贡献突出，所以医学上把这种病例命名为"梅纳特精神错乱症"。

在梅纳特诊所，弗洛伊德结识了不少朋友和同事，并成为这些人中间最受信赖的人。当医院里的副医师们就他们受到的不合理的膳宿待遇而联合一致向院方提出抗议交涉的时候，大家一致推选弗洛伊德作为代表去谈判。

这一时期的弗洛伊德也犯了一些错误，比如他对于可卡因的支持。

1884 年 4 月，弗洛伊德读到一篇关于一位德国军医成功地使用可卡因来增加士兵体能和耐力的文章，他决定用可卡因来为病人治疗一些疾病。当时，可卡因刚刚出现不久，弗洛伊德并不知道这种药物是一种毒品。为了验证可卡因的效果，弗洛伊德甚至自己服用了一些。

服用过可卡因之后，弗洛伊德感受到了这种药物带来的奇妙感觉，于是便向他的朋友和同事恩斯特·冯·弗雷氏推荐了这种“无害的替代物”。与此同时，弗洛伊德还传扬这种药物的好处，除自己服用外还把它当作灵丹妙药推荐给他的未婚妻、朋友们、同事们和病人们。

在弗洛伊德的推荐下使用可卡因的人中，有一位是他的同事恩斯特·冯·弗雷氏马科斯科，此人是一位年轻的眼科医生。弗洛伊德发表在《医疗专刊》上的一篇文章，引起了卡尔·科勒的注意。文章中说，可卡因可能具有局部麻醉的作用。于是，科勒便开始试图用可卡因作为一种麻醉剂来使用。他先是在动物身上做实验，然后又用自己做实验，并取得了完全的成功。他马上公布了这一发现，成为了第一个证明可卡因可以作为麻醉剂来使用的人。当时，弗洛伊德失去了一次成为“第一人”的机会。

糟糕的事情很快就发生了，恩斯特·冯·弗雷氏马科斯科服用可卡因之后，发现自己对这种药物非常上瘾，开始陷入绝望当中。他每天都要服用大量的可卡因，而且还经常焦躁不安，极度忧虑并产生幻觉。此时，人们开始意识到，可卡因并不是一种好药。

到了第二年，世界各地都报道了可卡因上瘾及中毒的情况。而弗洛伊德则因倡导这种药物受到了严厉的批评。在这样的情况下，弗洛伊德只好无奈的说:“理论固然不错，但它无法制约已经存在的事实。”算是承认了自己的错误。

遭受了这次打击之后，弗洛伊德萌发了再次跳槽的想法，在梅纳特诊所工作了没多久，他来到了维也纳全科医院。在那里，他很快就当上了神经科负责人。

在维也纳全科医院工作的一年多时间里，弗洛伊德获得了长足的进步。他先后先后研究了神经纤维、神经细胞、神经错乱症以及麻醉神经的可卡因，都取得了一定的成果。他对人类神经系统的疾病有了特别深刻的认识，并发表了《喇蛄之神经纤维及神经细胞的构造》、《神经系统诸要素之构造》和《论可卡因》等文章，引起了学术同仁的注意。

1885 年 2 月，弗洛伊德从精神科调到了眼科。这次调动很显然不是弗洛伊德的意愿，而是因为他与上司之间产生了矛盾，被上司所陷害。

正当弗洛伊德陷入低谷之时，他接到了赴法国深造的通知，于是离开了奥地利，来到法国。

弗洛伊德之所以能继续深造，是因为布吕克教授的推荐。除了学习的机会之外，他还获得了一大笔留学奖学金——240 美元，可以足够维持 6 个月的学习和生活费用。

1885 年秋天，弗洛伊德来到巴黎，师从沙考特学习神经病学。

沙考特在当时的精神病学界地位很高。当时，只要能给这个人当学生，就等于获得了终生的“护身符”，可以在医学界畅通无阻。

沙考特确实是一位有实力的医学教授，在他的指引下，弗洛伊德开始学习神经病治疗学，这对于弗洛伊德学术生涯而言，是一次非常重要的转折。

正是在沙考特门下，弗洛伊德第一次看到催眠术的神奇功能。他看到人在被催眠之后，似乎像是着了魔一样受人摆布，这种景象让弗洛伊德对人的意识和行为有了全新的认识和思考。弗洛伊德从沙考特那里学习到不少东西，而其中影响最深刻的是沙考特关于歇斯底里病症的治疗成果。

在沙考特之前，很多医生不愿意花时间去研究歇斯底里症。正如我们之前所说，医生们甚至把歇斯底里症视作是“妇女病”，有些医生在治疗这种病的时候居然会采取切除阴蒂的野蛮手术。而沙考特则摒弃了这些观念和治疗方法，将歇斯底里症引入到了精神病学的范畴之内。

在法国的学习，让弗洛伊德投身心理学研究的愿望更加坚定，在给未婚妻玛莎的信中，弗洛伊德说："你可以相信，当科学与爱情两者具来的时候，我就不得不为科学起见而战胜爱情。"

弗洛伊德与妻子

既然提到弗洛伊德的未婚妻，我们不妨讲述一下这位伟人的爱情故事。先来说弗洛伊德与妻子玛莎的爱情故事。

玛莎是个美丽的犹太姑娘。她比弗洛伊德小 5 岁，出身于一个地位很高的犹太家庭：她的祖父伊萨克·贝尔奈斯曾是驻汉堡的犹太正教领袖，也是诗人海涅最尊崇的朋友。

玛莎有一张少女时代的照片流传到了现在，照片中的玛莎中分的长发，光洁地束在脑后；面庞柔和轮廓清晰，眼睛大而深邃，目光十分专注。这张照片拍摄于 1883 年，当时玛莎已经和弗洛伊德订婚了。

弗洛伊德与玛莎相识于 1882 年，当时弗洛伊德已经拿到维也纳大学医学学位，正是少年得意之时。

弗洛伊德有一个妹妹，叫安娜。安娜的男朋友叫艾利，艾利的妹妹就是玛莎。

有一天，玛莎去找自己的"准嫂子"玩，便在弗洛伊德家（严格来说应该是弗洛伊德父亲的家）与弗洛伊德不期而遇。

当时玛莎正坐在餐桌旁，一边高兴地与安娜聊天一边削苹果，弗洛伊德则是刚刚下班回家。他一进门就看到了这位快乐的少女。

一般来讲，弗洛伊德到家之后都是直接回到自己房间继续工作，但是那一天，他却一反常态，加入到了聊天的行列中。

没错，弗洛伊德对玛莎一见钟情了。这相识的第一眼，便决定了他们的命运。

说实在的，弗洛伊德并不善于与人聊天。他天生是个绝对理性的人，这样的人往往缺乏一些“情趣”。因此，在刚刚认识玛莎的时候，弗洛伊德显得不善言辞，甚至有些古怪。

对于玛莎而言，这个叫做弗洛伊德的年轻人或许并没有给她留下多么深刻的印象。她不知道的是，自从与她相见之后，弗洛伊德陷入了爱情的魔障之中——热切的爱恋与胆怯羞涩相互作用，纠缠着弗洛伊德的灵魂。相信每一个人都可能会在初恋时体会到这样的感觉。

过了一段时间，弗洛伊德终于下定决心追求玛莎，他对自己说:“我不能继续忍受自己如此不诚实地面对这样一个女孩子了。”

从那以后，弗洛伊德每天都会送给玛莎一朵红玫瑰，以示爱意。而玛莎呢，也开始逐渐对弗洛伊德产生好感。

5 月的一天，弗洛伊德与玛莎第一次单独约会，他们两人肩并肩走在林荫小路上。

与倾慕的佳人第一次相伴而行，弗洛伊德的心情自然非常激动，可是他发现玛莎似乎有些冷淡。

或许是为了打开尴尬局面，弗洛伊德想把一枚橡树叶送给玛莎。这是个很奇怪的举动，橡树叶在西方文化中所代表的含义是“荣耀、力量和不屈不挠”，看起来不适合作为表达爱意的媒介。

或许是因为不明白弗洛伊德想借橡树叶表达什么，所以玛莎拒绝了弗洛伊德的馈赠。弗洛伊德深受打击，从此他就恨上了橡树。

无辜的树。

第二天，弗洛伊德又陪着玛莎和玛莎的母亲去闲逛。一路上，弗洛伊德问了玛莎很多关于她家庭的问题。

玛莎回到家之后，问自己的妹妹明娜："弗洛伊德今天一路上对我问东问西的，你说他到底是想说什么?"

明娜回答说："你应该谢谢这位医生对我们的关心。"

6月，弗洛伊德再次遭受打击。他听说玛莎在给他的表哥马克制作一个皮包，心爱的人在为其他男人做礼物，这让弗洛伊德非常失望，他以为玛莎爱上了马克，自己没有机会了。

但是这种失望并没有持续太久。数日之后，弗洛伊德与玛莎相约外出。在途中，他们遇到了一株双叶杏树。维也纳人把这种树称为"爱之树"。凡是遇到这种树的年轻男女，若是对对方有好感，就要馈赠礼物。而玛莎也送给了弗洛伊德一个礼物。这意味着玛莎对弗洛伊德也是有感情的。

此事过后，两人的关系迅速升温。在经历了所有恋人都有过的因深爱而来的敏感、嫉妒、试探、误解、和好之后，弗洛伊德与玛莎定下了终身。

刚订婚不久，弗洛伊德就获得了去法国留学的机会，如此一来，弗洛伊德和玛莎这对恋人就不得不分居两地了。

在分开的这两三年里，弗洛伊德几乎每天都给玛莎写信，甚至有时一天写3封向玛莎倾诉思念。弗洛伊德的信很长，最短的也不少于4页，有时会长达十几、二十多页。在某一封信中，弗洛伊德向玛莎说了一些关于梦的事情："我有很多不能解释的梦，我从来不会梦到那些白天心里所想的事情，在我梦中的都是那些在白天一闪而过的事物。"这句话后来也成为了弗洛伊德关于梦的一个重要理论。

顺着梦这个话题，玛莎在回信中开玩笑说：“她梦见自己洗澡时淹死了。”弗洛伊德很郑重地给她回信：“肯定有人觉得失去爱人跟人类几千年的历史相比简直微乎其微，但我承认，我的态度和看法与他们截然相反，在我看来，失去爱人就像是世界末日，即使生活仍然继续，但我却仿佛置身于黑暗之中，什么也看不见。”

不知道玛莎看到弗洛伊德这段话会有怎样的心情，科学家表达爱意的方法也确实非同一般。不过，或许玛莎已经习惯了弗洛伊德这种“有理有据”的、“科学化”的示爱方式，她已经做好了成为一个科学家妻子的准备。

重回维也纳

1886 年 2 月底，弗洛伊德完成了学业，重新回到维也纳。

回到维也纳之后，弗洛伊德和玛莎开始考虑结婚的事情。但是，弗洛伊德和玛莎若想结成夫妇，还不是一件容易的事情。弗洛伊德所遇到的障碍和 100 年后年轻人们的困境也没什么不同——丈母娘嫌他没钱。

虽然学业有成，前途辉煌，但当时的弗洛伊德仍然是一个清贫的住院医师，他父母也非大富大贵之人。因此，玛莎的母亲不愿意接受一无所有的女婿。在订婚后长达 3 年的时间里，他都无法娶回未婚妻玛莎。

直到 1886 年 4 月，弗洛伊德终于在维也纳开业行医。这意味着他有了自己的事业。与此同时，丈母娘也答应了他和玛莎的婚事。

这年 9 月，弗洛伊德和玛莎结为连理。弗洛伊德 30 岁，玛莎 25 岁。从此，他们两人的一生就联系在了一起。弗洛伊德的妻子玛莎与弗洛伊德一起生活了 60 年，弗洛伊德死后，玛莎又和孩子们一起生活了 12 年。弗洛伊德与玛莎的最后一张合影摄于 1939 年，当时他们在英国，夫妻两个人都已是满头白发，亲密地站在一起，让人觉得非常温馨。

弗洛伊德与玛莎的稳定婚姻，一方面源于他们之间的爱情，另一方面与弗洛伊德的道德观念有关。与弗洛伊德有过几十年交情的英国著名心理学家欧内斯特•琼斯评价弗洛伊德时说："他拥有绝不动摇的道德观念，根深蒂固得就像他天性中的一部分。"

对于道德观念，弗洛伊德说过一句话："我的道德观是通常所说的具有社会意义的道德观，而不是性道德观。社会眼中的性道德似乎很卑鄙下流，正如极端的美国那样，我个人在自己认可的范围之外很少滥用性的自由，但我同样支持那种全然自由的性生活。"也就是说，弗洛伊德虽然不认为守身如玉是一种必须要坚守的道德观念，但是他本人却做到了这一点。

当然，在一段完满的婚姻中，仅有道德的约束是不够的，更需要感情的基础。进入到家庭生活中之后，他们的感情又进一步提升。

恋爱中的弗洛伊德表现得和一般的年轻人没什么不同——敏感、多情、情绪波动大。自从结婚之后，弗洛伊德才算是又回归了正常。用他的说法就是："从抒情诗时代进入到叙事诗时代。"

1887~1891 年，他们有了 3 个孩子。弗洛伊德诊所的生意也一天天好起来，一家五口生活无忧。

结婚之后，玛莎身上的优点体现得更为明显。她是一个传统而优秀的妻子——永远把丈夫放在第一位，善于持家。

1891 年，弗洛伊德夫妇从市政街搬到租金更便宜的柏格街 19 号（就是本书刚开始所提到的那个地方）。在这里，弗洛伊德开创了辉煌的事业，因此，他成名之后，柏格街 19 号变成了一个全世界都知道的门牌号码。

弗洛伊德的生活极其规律、甚至近乎刻板：他每天早 8 点开始上班。虽然有时会因工作忙到深夜，清晨想多睡一会儿，但是绝对不会超过 8 点。

中午 13 点，弗洛伊德开始吃饭。这是一天中全家聚会在一起的唯一时间。因为他进晚餐时，每每已经入夜，小孩子们都去睡了，所以午餐是他们的主餐，而且也是最丰富的一餐：羹汤、肉、干酪、甜点等一应俱全。弗洛伊德用餐时总是聚精会神地去品味，一言不发，即便是发现孩子在饭桌上淘气，弗洛伊德也不会出言制止，而是会用眼神“指示”玛莎。有时候客人和他一起吃饭会觉得非常尴尬，只好和他的家人们聊天。

到了下午 3 点，他又开始工作，一直会持续到晚上 9 点。在这期间，弗洛伊德都不吃东西。

到了吃晚餐的时候，弗洛伊德会显得非常放松，如果家人也陪在身边的话，他会和他们聊一些轻松的话题。吃过晚饭后，弗洛伊德通常会和他的妻子或是他的女儿去散步。有时候他们会在这个时间到咖啡店坐一阵子，夏天到兰德曼咖啡店，冬天则去中央饭店。有时候他的女儿们去看戏，弗洛伊德就和她们约好，让她们看完戏后在一个特定的路灯下汇合，然后护送她们回家。

散步回家之后，弗洛伊德会接着工作。给人写回信，或者是写论文。此外，他还得为他主编的期刊下功夫，以及校对他自己的手稿，通常凌晨 1 点以后才去睡觉。

星期日弗洛伊德会休息。这一天，他会陪在母亲身边，与母亲、兄弟姐妹们一起吃饭。但是，和小时候一样，他吃完饭就会回到自己的房间去工作。对弗洛伊德来说，星期日固然是难得的休息日，但同时也是难得的写作时间。弗洛伊德的大多数作品，都是在星期日写出来的。

弗洛伊德酷爱旅行，他曾经说："人生有三件事不能吝啬，那就是：健康、教育和旅行。"每年夏天，弗洛伊德都会和全家人一起离开维也纳，出外度假。

科学家度假也和一般人不一样：每到年初，弗洛伊德就开始和家人讨论旅游路线，讨论好了还不够，到复活节的时候，弗洛伊德会自己提前将讨论好的路线走一遍。然后回到家向家人报告自己的所看所遇……最后，才开始实施度假计划。

在假期旅行中，弗洛伊德有两种偏向女性化的表现：第一，弗洛伊德的方向感出奇的差，一到乡村，就总会找不到路。他的儿子说，当他们一起走一段比较长的路时，他通常会出人意料地朝一个完全错误的方向走回去。不过好在他心里很清楚自己的这个弱点，所以都会乖乖听从家人的指挥。第二，虽然他时常旅行，但是他对旅行中的一些具体事项却不太擅长，例如他根本就不会看火车时刻表。所以对于一些比较复杂的旅行，都由他弟弟亚历山大来安排，后来则由他儿子奥立沃着手准备，这两个人在旅行方面可都是专家。弗洛伊德常常为了赶一班火车，会早早地来到火车站等车，虽然用这样长的时间来准备，但他的行李和其他东西，还是常常会带错或者漏掉。

对于度假地点的选择，弗洛伊德也有明确的非同一般的标准：一要远离名胜古迹，二要有蘑菇可以采。

远离名胜古迹是为了清静，至于选择一个有蘑菇的地方，是因为弗洛伊德酷爱采蘑菇，这也算他的一个怪癖。弗洛伊德女儿安娜曾向友人描述，当他们的父亲发现一个蘑菇时，会像捕捉蝴蝶一样，飞快地用帽子把它盖住；他还会哄着安娜每天采摘鲜花供奉到树林附近的圣母像那，保佑他们有所收获。

度假归来之后，弗洛伊德就又开始自己的工作和研究。

对于弗洛伊德的事业，玛莎是没有什么看法的，她既不懂也没兴趣。她所关心的事情是如何经营好自己的家庭，在这一点上，玛莎堪称优秀。弗洛伊德的“崇拜者”、俄国女作家露·安德里亚斯·莎乐美曾经拜访过弗洛伊德一家，在日记里，她写下了对玛莎的印象：“我还很钦佩弗洛伊德夫人，她总是把自己份内的事料理得好好的，总是充满慈爱，拿主意做决定时十分果断，但她从不会干涉属于她丈夫责任范围内的事务；总是充满自信，绝不是一个旁观者……不管怎样，他的家庭生活给我留下了深刻的印象，我开始思考人们通常在‘自由’和‘有了家庭牵绊’之间做出的错误区分。想打破自由和社会义务（其中包括家庭责任义务）间潜在的平衡，这常常是病态的。”

事实上，玛莎并不是一个毫无爱好的“主妇”，她受过高等教育，是一个很重生活情趣的高级知识分子。她晚上的大部分时间都会用于念书，这种习惯一直延续到她去世，她始终都能赶上最新的学术潮流。弗洛伊德成名后，许多名人到她家做客，其中就有德国大文豪托玛斯·曼，此人是玛莎最喜欢的作家之一，所以他的到来会让玛莎欣喜若狂。虽然玛莎不能在专业领域给丈夫以支持，但是她也有自己的特长——弗洛伊德信件中偶尔会提到有关格拉底瓦、达芬奇、摩西等人的著作，那些知识有些从玛莎那里获知的。

对于弗洛伊德而言，玛莎确实是最理想的伴侣，她稳定了弗洛伊德的“后方”，让其可以全身心的投入到研究工作当中。

惨淡的诊所经营

弗洛伊德的家庭气氛非常和睦。

有一位美国作家说弗洛伊德是一个非常严肃的父亲，说他的孩子是在敬畏、服从的严肃气氛之中长大的。但事实并非如此，弗洛伊德对孩子们非常慈爱，甚至到了溺爱的地步。弗洛伊德的一个朋友说，他曾经亲眼看到他女儿趴在他的大腿上撒娇，那种情景，让人羡慕。

弗洛伊德年轻时也会赚到一些稿费，但数目有限，都被他当做礼物分发给了孩子们。对于送礼物这件事，弗洛伊德似乎非常热衷，而且总是迫不及待地把礼物送出去。孩子们过生日的时候，他常常在前一天就把礼物交到孩子们手上。弗洛伊德也很舍得给孩子们买衣服，他认为让孩子们穿着体面的衣服，有助于培养他们自重、自爱的心理。

弗洛伊德最喜欢分享孩子们的快乐时光，这是他的最大兴趣，他常常会拿出大量宝贵的时间陪伴在孩子们身边。在教育孩子的时候，弗洛伊德也并非十分严厉，相反，他希望孩子们能够按照他们自己的意愿自由成长。弗洛伊德的大女儿曾经说过这样一件事情：有一次，弗洛伊德请她走在他右边，一起出去散步。这个情景被她的同学看到了，对他说："这种走法不对，儿女应该永远走在父亲的左边，这是对长辈的尊重。"她很骄傲地回答说："我的父亲可不是这样，和他在一起，我永远是一位女士。"这种自由平等教育理念在那个时代是非常少见的，弗洛伊德显然已走在了众人前面，而其效果也非常好。他的孩子们成年之后都取得了一定的成功。

如果遇上孩子有些疾病，弗洛伊德会忧心不已。大女儿五六岁的时候，得了白喉症，奄奄一息。弗洛伊德烦躁到了极点，他问女儿世界上最喜欢的东西是什么？女儿天真地回答说："草莓"。当时还没到草莓上市的时节，但是弗洛伊德还是东奔西跑，在一家大商店里花高价买来了一些给女儿吃。

女儿吃第一颗草莓的时候便引起了一阵剧烈的咳嗽，把一直梗在喉咙里因为白喉病形成的荚膜给咳了出来。

没想到，这成为了女儿病情好转的一个契机。从那以后，她的身体一天一天好了起来。一颗草莓加上父亲的爱女之心，挽救了孩子的生命。

弗洛伊德和睦的家庭气氛很大程度上要归结于弗洛伊德一家的幽默感，所以在他们的家中，总是充满了欢笑，很少争吵。

年轻的弗洛伊德在婚姻上可以说获得了成功，但是在事业上他就没有那么幸运了——诊所的生意不太好。

事实上，弗洛伊德的经济状况一直很差。弗洛伊德对于金钱并不十分敏感，也不善于理财，他把节省下来的钱都投资到保险和政府的债券上去，但是却因为通货膨胀而损失惨重。后来他总算接受了教训，开始把钱存到外国银行里，但是这并不能弥补之前的损失。他对朋友很大方，经常会出资援助自己的穷朋友，也会很在意别人的感受。弗洛伊德的大儿子有一个很穷的朋友，但每当他们两人要一起去旅行的时候，弗洛伊德一定先问清楚这位朋友带多少钱，然后给儿子相同的钱，为的就是怕儿子的朋友尴尬。

弗洛伊德的经济来源就是他的出诊费，在当时，他的医疗费是 40 奥地利克朗每次，这个数字在当时来讲不算低。但是弗洛伊德又有搜集古董的爱好，这个爱好耗费了他大量的资金。

弗洛伊德的诊所位于柏格街，规模很小。弗洛伊德的办公室中央摆着一张长方形的桌子，四周的柜子上摆放着许多弗洛伊德收集的古董。在整理弗洛伊德的办公室时，必须非常小心，因为一不小心就会弄坏他的那些古董。这间房间和隔壁的诊疗室有两道门相通，但是在门上挂着厚厚的门帘，以保持诊疗室的隔离感。

在诊疗室里，弗洛伊德总是端正地坐在一张面向窗户的、不太舒服的椅子上。

弗洛伊德就是在这样的环境中，用催眠术为精神病人治病。

奥地利医学界在弗洛伊德以前很少有人采用催眠术，很多医生认为那是一种不靠谱的“把戏”，其中包括著名的梅纳特教授，他将催眠术在医疗上的应用看作是一种“不幸”。

在弗洛伊德身上，有一种“为真理是从”的执拗，而且他也敢于向权威挑战。只要弗洛伊德认为是对的，那么外界环境就无法改变他。所以，虽然大环境不太好，但是弗洛伊德仍然成为了掀起精神病治疗方式革命的那个人。

用催眠法治疗病人的同时，弗洛伊德也在琢磨催眠的机制。在他看来，人在催眠之后，看起来是受到外界的摆布，但事实上，控制人肢体行为的，是自身的潜意识。

“潜意识”这个词语如今被人们广泛熟知，和弗洛伊德广泛的影响力是分不开的。在弗洛伊德的理论体系里，潜意识是一个重要的概念，指的是心理抑制和压迫着的领域，它栖息在内心阴暗的角落里，要经过外力的帮助、引诱和启发，经过某种分析的照明，除掉精神的压力，才能转化为“意识”。

正因为相信催眠唤醒了深藏在人内心中的潜意识，所以弗洛伊德坚信：催眠法可以找到精神病人发病的根源。不过，在治疗病人的过程中，弗洛伊德也发现了催眠术的不足之处，一是不能百发百中，二是有些人根本无法被催眠。起初，他认为是自己的技艺还不够纯熟，所以弗洛伊德决定亲自到法国南锡，向多年应用催眠术的法国医生们求教。

在进一步学习催眠术的过程中，弗洛伊德发现，催眠术的不足，并不是一个技术上的问题，而是这种方法有本质上的缺陷——只在某些人身上有效，不能作为普遍的治疗手段。于是，弗洛伊德决定采用“精神分析法”来为病人治疗疾病。

“精神分析法”这个词语，第一次出现是在弗洛伊德的《歇斯底里的研究》一书中。当时，弗洛伊德就发现，在精神病人和医生之间，往往存在着一种“隔阂”。许多精神病人不愿意与医生配合，而医生在治疗过程“咄咄逼人”的态度，使得情况更加糟糕。

采取了精神分析法之后，弗洛伊德不再催促病人对某一个指定的题目说些什么，相反地，他需要患者尽量保持身体和心理的放松，进入所谓的“自由联想”状态，畅所欲言。然后，弗洛伊德通过分析病人那些“不经意”的话，来找到发病的根源。

自由联想法是精神分析的重要过程，在自由联想的过程中，精神活动得到彻底解放，病人会“放松警惕”，流露出真实感情，有助于医生的治疗。

当然，精神分析法也存在一定的“风险”，那就是让精神病人自由释放感情的话，那么可能会对医生造成一些不好的影响——病人可能将负面情绪转移到医生身上。但是这种风险在弗洛伊德看来，是一件好事。因为它恰恰说明医生已经触及到了病人的内心，并且打开了一条心理上的“泄洪通道”，有助于病人发泄负面的情感。弗洛伊德把这个过程叫“导出”。

通过这样的方式，弗洛伊德为许多病人治好了病。被弗洛伊德治好的病人，每当路过弗洛伊德的诊所，不由得从内心深处激起阵阵情波，加倍地敬仰弗洛伊德。

虽然弗洛伊德并不能从行医中得到更多经济上的收益，但是在行医生涯中，他的理论研究得到了进一步的加强。他的许多重要的精神治疗法，都是在这里创造、使用的。

第五章

日常生活与心理

口误、笔误、突然间的遗忘，这些日常生活中经常会经历的小事，到底是纯粹的偶然，还是在某种心理作用下的必然？对于这个问题，弗洛伊德展开了思考。在弗洛伊德之前，很少有学者会将目光放到如此琐碎的事上，但是等弗洛伊德通过琐事获得重大发现之后，世人才恍然大悟——原来，真理就在身边……

弗莱斯的决裂

从 19 世纪 90 年代开始，弗洛伊德在学术界崭露头角。他参加了犹太人组织“伯奈伯利兹社”，在这个社团的集会上，他结识了许多一流的学者。最让弗洛伊德难忘和激动的，是他听到了美国大文豪马克•吐温的演讲。早在学生时期，弗洛伊德就很欣赏马克•吐温的作品。马克•吐温对社会乱想的尖刻揭露和他那诙谐、幽默的文笔给他留下了很深的印象。

这一时期，弗洛伊德同外界的联系相对频繁，最集中地反映在他同他的朋友弗莱斯的通讯来往中。

威廉•弗莱斯，当年与弗洛伊德同在布洛伊尔教授门下学习。1887 年，当作为布洛伊尔的研究生来到维也纳的时候，弗莱斯才 29 岁。当时弗洛伊德已经深受布洛伊尔的器重，所以，布洛伊尔建议弗莱斯去和弗洛伊德探讨一些学术问题。接着，在一次学术讨论会上，弗洛伊德和弗莱斯都被对方的远见卓识所折服，成了私交很好的朋友。

弗莱斯是耳鼻喉科医生，在柏林有一家诊所。他待人热情，能言善辩，是个非常有魅力的人物。

弗莱斯很喜欢和朋友一起讨论任何问题，谈论世界上的任何一件事情。他在学术问题上喜欢刨根问底，富有哲学思维和逻辑推理的能力，能够透过现象看到本质。但是此人比较专断，对于反对意见往往持否定态度。

在那段时间里，他经常与弗洛伊德探讨一些医学问题，也是弗洛伊德科学研究活动的最热情的支持者。弗洛伊德曾经说:“在这灾难深重的年代里，你（弗莱斯）的出现对我来说是具有不可估量的重要价值的。我深深陷人了无聊和贫穷之中，但我仍然有足够的勇气在空旷中重建我的理想。”

对弗洛伊德而言，弗莱斯是最为亲密的支持者，他曾经对弗莱斯说道:“当我向你倾诉，又知道你也在想着有关我的某些事情的时候，实际上我已开始了对某一事物的思考。”他们之间的通信非常频繁，几乎是每个月一封。这些信件最后都被保存了下来，成为了研究弗洛伊德思想发展的关键材料。

在信件中，弗洛伊德描述了自己研究梦境的过程，并表示出了对《梦的解析》遭到冷遇的遗憾。弗洛伊德还告诉弗莱斯，他同布洛伊尔的师生情谊走到了尽头，因为他认为布罗伊尔总是在想方设法压制自己。

信里说不清楚的事情，他们就会约时间见面谈。他们之间互相欣赏，弗莱斯对于弗洛伊德的学说更是无条件地支持。在当时，除了弗莱斯一人以外，几乎没有人能认识“自由联想法”的重要意义。而弗洛伊德则把弗莱斯比作是“一位魔术师”，并且说:“只要有谁找到他治病，他就可以做到‘妙手回春’。”

虽然弗莱斯出生于中产阶级，但是娶了一位经济上富有的妻室，所以他的经济条件比弗洛伊德要好得多，于是，他便理所当然的成了弗洛伊德的“金主”。当弗洛伊德面临经济问题时，就可以从弗莱斯那里借到足够的钱。

弗莱斯的存在对于弗洛伊德而言意义非凡，因为此时的弗洛伊德正面临着一个非常重要的阶段——通过多年来的医学研究和实践，他开始从一般医学研究转向了精神病机制和治疗的探讨和实践，并且已经下定决心要在心理学这条道路上耕耘前进。而弗莱斯则是他最好的支持者。

但是，弗洛伊德同弗莱斯的友谊终究还是走到了尽头。从 1900 年开始，他们之间就断绝了联系。至于他们之间的友谊为何会破裂，并没有明确的说法。但是考虑到他们两个人都是那种非常自负、不愿意服输的人，所以性格原因可能是致使二人关系破裂的一个方面。

两人关系破裂后，弗洛伊德曾经试图挽回，但是却未能如愿。

日常心理的研究

与弗莱斯关系的破裂，并没有影响弗洛伊德在学术上前进的脚步。相反，在这一时期，他又有了新的突破。

弗洛伊德善于观察生活，他往往能从最不起眼的小事中，发现其中蕴含着的心理学奥秘。1898 年，弗洛伊德与友人结伴出游。路途中，他在与友人聊天时提到了土耳其人的一些风俗，他对友人说："在土耳其工作过的同事告诉我，那里的人都十分信任医生，而且相信命运。如果一个医生告诉病人的家属说：'我们已经尽力了，但还是不能挽救您亲人的疾病。'家属就会说：'那我能说什么呢？如果有救的话，你一定会救活他。'"

友人听了弗洛伊德的话，说："这真有趣。"

弗洛伊德接着说："在土耳其，还有一个很有趣的事情，土耳其人把性愉悦当做生命中最为重要的事情，如果出现性无能，会让他们感到极度的失望。我的同行曾经遇到这样一个土耳其病人，他患上了心理性性无能，找我同行治病，这个人对我那同行说：'先生，你要知道，如果没有这种快乐，便意味着生命的结束。'"

讲到这里，弗洛伊德意识到与一个外行人过多地谈论心理学，尤其是有关性的心理学，是不太恰当的。所以他准备转移话题，说道："你知道吗？在我们要去的地方，有一副画在屋顶上的世界名画，那副画的作者是……"

讲到这里，弗洛伊德突然发现，自己却怎么也想不起来那个平时耳熟能详的画家名字。最后，同伴提醒他："你想说的是不是西格诺内力？"弗洛伊德赶紧回答说："是的是的，我怎么就忘记了他的名字呢？"

这件小事很快就过去了，但是弗洛伊德却陷入了沉思：人为什么会忘记那些耳熟能详的专有名词？

弗洛伊德发现，很多人会遭遇与自己类似的情况，一个很熟悉的词语，但是到嘴边却忘掉了。他认为这件事情一定与某种心理密切关联。为了解开其中的奥秘，他首先用自己"做实验"，进行了一番自我分析。

首先，弗洛伊德认为自己之所以会忘记一个人的名字，与名字本身并无关系，因为这个名字并不复杂，也没有什么特殊的含义。他开始回忆自己在提及这个名字之前所说的话，他发现，之前话题中"关于土耳其人性态度"的内容，让他想起了自己曾经为一个患有性障碍的人治病，由于难以治愈，最后这个人还是选择结束了自己的生命。对于弗洛伊德而言，"患者自杀"是一段不堪回首的经历，在他的意识中，竭力想要遗忘这段经历。

弗洛伊德由此联想到，当自己的大脑启动"遗忘机制"的时候，可能将其他一些无关的内容也"误删"掉了，这或许就是自己想不起来画家名字的真正原因。由此，弗洛伊德得出了一个论断：那些被遗忘的词语，是因为他们与某种不愿意回忆起的往事产生了联系，最终被大脑的遗忘机制所"删除"。

在对遗忘机制进行了初步的研究之后，弗洛伊德对于这一课题表现出了极大的兴趣，开始了更加深入的研究。由于"遗忘"是一种常见的生活现象，所以弗洛伊德研究的素材，也大多来源于生活。

一次，弗洛伊德的学生费仑茨给他提供了一个案例：

在费仑茨的患者中，有一个“老处女”，经常会忘记一些熟悉的名字。费仑茨通过检查发现，这个女人的记忆力完全没有问题。他搞不明白，为什么她就是记不住一些人的名字呢？

弗洛伊德对这个案例非常感兴趣，于是便投入到了这个案例的研究中。在与这个女人接触了一段时间之后，弗洛伊德发现，她的遗忘是“存心的”（或者说是潜意识驱使她启动了遗忘机制）。这种“存心”的遗忘，代表的是一种“忽视”或是“反对”的态度。

这个女人经常忘记她父亲的名字，而她与父亲的关系也确实不好。因为她父亲拒绝给她提供更好的教育条件，在她心中，自己最终之所以如此“失败”，完全是父亲的过错。

综合之前的研究，弗洛伊德给出了一个结论：名字的遗忘，是人的潜意识刻意干扰的结果。在这些干扰中，个人情结发挥的作用最大。具体来说，名字遗忘有两种情况：第一情况是这个名字本身触及到了一些不愉快的东西；另一种情况是它与另一个发生作用的名字相联系。

弗洛伊德和“老处女”的案例，就属于第一种情况——被他们忘掉的名字与他们排斥的东西产生了联系。

关于名字的遗忘，还有一种更为奇特的现象，那就是这种“病症”似乎会传染：一帮人聊天的时候，一个人突然忘记了某个名字，其他人也会跟着“失忆”，结果就是话题被困在了一个被忘记的名字上。

对于这种状况，弗洛伊德的解答是，第一个人的遗忘，是出于自身对这个名字的遗忘，而其他的遗忘，则是潜意识中为了“迎合”第一个人，触发了遗忘机制。所以，这种群体性遗忘大多数会出现在这样的场合：上级忘记了一个名字，结果发现下级也跟着忘了；女孩忘记了一个名字，结果发现跟她聊天的其他男孩也忘了。那些被动的遗忘者，都有一定的“迎合”心态。

口误

弗洛伊德心理学研究的最大贡献在于他将心理学说全面推广到哲学、社会、宗教、文化领域，形成了一个庞大的思想体系。他试图用心理学解决更多的问题。

1904 年，在出版了《少女杜拉》之后，弗洛伊德接着又出版了《日常生活的精神分析》，我们上文所提到的关于“名字遗忘”的研究，就出自于此。

《日常生活的精神分析》出版之后，成为了当时最受大众欢迎的心理学著作之一。因为这本书讲述的内容与每一个人的生活息息相关，既使是对生理学没有兴趣的读者，也能从中体会到用生理学分析自己及周遭世界的乐趣。

在《日常生活的精神分析》一书中的第 3 个篇章，弗洛伊德开始分析关于“口误”的心理学意义。

在替病人治疗的过程中，弗洛伊德发现许多人会说错话，发生口误的现象。如，他的一位病人讲到“阿姨”的时候，却矢口说成了妈妈。另一位病人则把她的丈夫说成了哥哥。弗洛伊德由此联想到：在他们的内心，是不是把某人当成了另外一人？

学生费仑茨对弗洛伊德讲述了自己上学时候发生的一件事情：当时他在西姆中学读书，有生以来第一次被邀请在众人面前朗诵诗歌。在朗诵前，费仑茨做了充分的准备，但依然很紧张，害怕别人会嘲笑自己。

到了朗诵的时候，费仑茨一时紧张，尽然把那首诗原作者的名字说成了自己的名字，这种行为自然引起了其他同学的一阵哄笑。

弗洛伊德问费仑茨："你是不是特别崇拜那位诗人?"

费仑茨回答说："是的。"

弗洛伊德又问："你是不是在心理暗地幻想过有朝一日成为他那样的人?"

费仑茨说："没错，但这仅是我内心的一种奢望。我甚至连想都不敢想。"

最后弗洛伊德下结论说："这其实就是你口误的真是原因，在你内心中，你的名字和他的名字其实已经暗自发生了联系，那种紧张的场合中，你的理性思维被削弱，潜意识占据了上风，所以你才会发生口误。"

费仑茨想了想，说："可能的确如此。"

名字之间的联系，会让人发生口误。而除此之外，如果一个人对自己说的话并不认同时，也会发生口误。

一位女患者对弗洛伊德说："有一次，我到一个朋友家去做客。期间，她总是在喋喋不休的说话，我感到很厌烦，就赶紧找了个借口想要离开。她把我送到走廊的时候，又拉住我的手，长篇大论的说起来。我想要对他说：'明天早上你在家吗?'好打断她的话。谁知道却说成了'走廊里你在家吗?'我一开始还没意识到自己说错话了，直到看见对方目瞪口呆的样子，我才察觉。"

弗洛伊德认为，这个女患者之所以说错话，是因为她并不认同自己想要说的那句"明天早上你在家吗?"因为这意味着再次相约，而她根本不想跟这个朋友见面了。她真正想说的是："在走廊里你还这么喋喋不休!"所以，在她的口误中，出现了关于"走廊"的内容。

这种对自己说法并不认同的口误，经常会出现在辩论会上。弗洛伊德发现，有些辩论者经常会出现口误，让对方抓住“口实”反驳一番。之所以如此，是因为辩论会的特殊性——在辩论会中，会有正反两个观点，而辩论者似乎没有选择观点的权力，都是由别人指派的，辩论者即便不认同指派的观点，也会迫不得已与人辩论，因此造成了“口是心非”的局面，从而产生了口误。

通过一系列的观点，弗洛伊德得出结论：口误，其实才是一个人潜意识的真实表达。也就是说，口误有时候比“原本想要说的话”更加接近真实。

在《日常生活的精神分析》一书出版之后，弗洛伊德发现自己身边的人开始更加注意别人的口误。这也为弗洛伊德进一步证明自己观点的正确性提供了素材。

学生布里尔告诉弗洛伊德，一个同行向他描述了一个患病者的情况，问他：“这样的病是不是能治好？”他本想安慰同行说：“这种病是可以治疗的。”但是却说成了：“这种病是顽固的。”而在他的内心中，确实认为这种病很难治。

另一位学生季克尔告诉弗洛伊德一个更加离奇的口误。

一位女士，早上梳妆的时候，她女儿催她说：“我都换完衣服了，可是你还没涂完指甲油。”

这位女士回答说：“你只要换一件衣服就可以了，而我却有 12 个指头。”

对于自己的这个口误，这位女士很不理解，于是前去询问季克尔：“为什么会发生这种事情？”

季克尔问道：“12 这个数字让你联想到什么？”

女士不假思索地说：“什么也联想不到，它也不是一个重要的日期。”

季克尔本想让她进一步联想，但是却因为发生了一些其他的事情而不得不中断了。

第二天是 12 月 12 日，一大早，这位女士就兴冲冲的找到季克尔，说：

“我想起12这个数字代表什么了。我丈夫有个叔叔，很有钱，他的生日就是12月12日。我原来总想着能从他那里继承一些财产，所以每年的12月12日，都会给他送一张生日贺卡。后来，这个习惯逐渐没有了，我也就把这件事情忘了。”

季克尔把这位女士的话转述给了弗洛伊德，之后问道：“难道她的口误仅仅是因为潜意识里记着丈夫叔叔的生日？”

弗洛伊德笑了笑说：“哪有那么简单？你想一想，生日和其他哪一个日子有关联？”

季克尔说：“忌日，一个出生，一个死去。”

弗洛伊德说道：“这就对了，其实，这位女士在心中，一直期盼着丈夫的叔叔赶紧死去，好继承遗产。”

季克尔点了点头，说：“事情恐怕确实如此，这位女士比较贫寒，她急切地希望得到那笔钱。但是由于她的叔叔很健康，所以有些等不及。我能够从她的说话中看出这一点。”

这件事情，从侧面上论证了弗洛伊德关于口误的心理学解释是合理的。

弗洛伊德在研究日常生活中的口误时，借鉴了德国著名的心理学家冯特的研究成果。这位实验心理学的奠基人曾经出版过一本关于语言方面的著作，其中也涉及到了口误的表现。冯特和弗洛伊德一样，认为口误是有心理学上的根源的。他说：“首先，已经说出的声音可以引发一些联想性的东西，这是造成语误的最大原因。平日里，我们心中原有一股意志的力量压制了自己天马行空的联想；但是当我们的精神放松的时候，意志力不存在了，语误也就容易更发生了。联想的作用也许因其表现互不相同而造成不同的语误形式，有时我们会说出不该说的话，有时候会不自觉的重复已经说过的话，最常见的状况是——在替代和被替代的词之间不存在发音方面的相似之处。以上种种原只在方向上有所区别，或顶多也只是联想发生的情况有所不同，至于其根本性质，则是一样的。”

冯特的观点在一定程度上启发了弗洛伊德。弗洛伊德在他的基础之上，又进一步指出：促成语误的因素（如未受抑制的联想之流，或压制力的松弛等）通常是同时发生作用。所以，这两种因素不过是同一历程的不同宿因而已。伴随着这一松弛，或者更确切地说，经由这一松弛，注意力不再受抑制，联想的思潮遂能无羁地驰骋。

对于冯特的一些观点，弗洛伊德也提出了修正意见，他认为口误不仅仅是因为“声音的触发作用”，有时候还因为正要说的话与口误之后的话存在着一些联系。弗洛伊德说：“干扰可能来自某一潜意识思想，只在这一次语言谬误里透露出蛛丝马迹。唯有经过分析的努力才能把它带到意识界来；或者它也可能来自一种更为广泛存在、而又同这整句话有矛盾的心理动机。”

有一次，弗洛伊德看见自己的女儿正在贪婪地吃着一个苹果，于是他想引用一段诗来嘲笑她：

好可笑的猿猴啊，

当她咬一口苹果的时候。

(The ape he is a funy slght，When in apple she take a bite.)

但是，弗洛伊德在说这段话的时候却发生了口误，将“The ape ……”念成“The apel……”。弗洛伊德认为，这是因为在他想说“猿猴”“ape”和“苹果”“apple”的时候，这两个相近的单词让他发生了联想，于是便将苹果念成了猿猴。他之所以会“放松警惕”，产生联想，是因为女儿正在身旁不知是鼓捣什么，让弗洛伊德的思维产生了转移。

通过这些分析，弗洛伊德得出结论：造成语误的原因并不单纯是语音上的联系，更重要的是言词的含义之外的思想。在书中，弗洛伊德写道：“我并不否认，有某些定律支配着字音的互换。但是在我看来，这并不是造成口误的唯一原因，只要我们更深入更逼近地去研究、探讨就能发现，它们原只是某种更不相关的动机临时借用的现成机转罢了。这个真正的动机，根本与这些声音的近似毫不相干。因此，以替代的方式所表现的语误，绝大多数并不遵循这种发音方面的定律。”

笔误

弗洛伊德对口误的研究获得了一些成果之后，他又开始研究与口误很接近的现象——误读和笔误。

一天，弗洛伊德读报的时候，将“徒步跨越欧洲”读成了“在木桶跨越欧洲”。弗洛伊德开始分析自己为什么会出现错误，可这次的分析过程并不是那么顺利。

他首先想到，自己心里一直记着古希腊哲学家迪奥根尼关于木桶的理论。由此，他又联想到亚历山大的名言：如果我不是亚历山大，我愿意是迪奥根尼。但是他很快发现，这两件事情都与他的误读没有直接的关联。

接着，弗洛伊德又联想到自己曾经收集过一些哈曼•瑞顿的照片，这个人曾经坐在树干上去旅行。但是他认为这件事情还是不能完全解释自己的误读。

几个月后，弗洛伊德已经打算放弃对这件事的分析了，但是一些回忆突然闯进了他的脑海：他曾经看过一份报纸，上面讲述了一些奇怪的交通方式。其中有一位先生是钻进木桶里，让别人滚着到了巴黎。在弗洛伊德看来，那位钻进木桶的先生，完全是想以一种愚蠢的方式博人眼球。想到这一点之后，他突然间顿悟了，理清了几件事之间的关系：通过钻进木桶的先生联想到了“愚蠢”。

弗洛伊德通过迪奥根尼联想到了亚历山大，通过亚历山大又联想到了自己的弟弟，因为他的弟弟也叫亚历山大。

将两件事放到一起的话，这个关于木桶的误读就可以理解成：亚历山大、愚蠢。这里的亚历山大指的当然是弗洛伊德的弟弟。

弗洛伊德为什么会觉得自己的弟弟愚蠢呢？原来，弟弟是一位税务专家，很早就获得了教授职称，比弗洛伊德还早。于是，弗洛伊德的母亲总是会说：“弟弟比哥哥更早当上了教授。”而弗洛伊德则在内心为自己找借口：“通过一个愚蠢的职业获得教授职称没什么了不得的。”这些事情结合到一起，就产生了一个现象：

在读到“徒步跨越欧洲”的时候，由于涉及到“交通”，所以弗洛伊德想到了那个愚蠢的“木桶先生”，而“交通”和“晋升”在德语中非常接近，所以他想到了自己获得晋升的弟弟亚历山大，由于亚历山大曾经间接地伤害过弗洛伊德的感情，所以此时弗洛伊德的思绪被过往的情绪所掀动，误读由此产生。

这是一个复杂的心理过程，弗洛伊德绕了几个弯才弄明白了真相。由此，他得出结论说：被意识所排斥的思想，会干扰一个人的阅读。

笔误与误读却正好相反，笔误往往体现的是一个人内心的某种愿望。

弗洛伊德有一张用来记录日常事务的纸片，有一次，他惊奇的发现，台历上明明写的是 9 月份，可是自己在记录某件事的时候却写成了 10 月 20 日。为什么会出现这样的错误呢？弗洛伊德认为可能是一种愿望的流露。

几天前，弗洛伊德刚刚结束了一次旅行回到家中。他急切的想要投入到工作中，但是来找他看病的人却并不多。一位病人给他写信说：要等到 10

月 20 号才回来。而弗洛伊德之所以将日期误写成 10 月 20 号，就是因为他内心期盼那一天赶紧到来，好让自己有些事情做。

通过这件事情，弗洛伊德意识到：笔误体现的是人内心的某种意愿。通过发生在其他人身上的一些相关事件，他也证明了自己的看法。

有一位教授告诉弗洛伊德一件事情：

有一次，他患某种病不得不住院。期间，他得知自己的一个远房亲戚也因为同样的病住院了。那位亲戚写信向他询问有没有治疗这种病的好医生，他向亲戚推荐了一位专业的医师，在信中，他本想写：……因此，我建议你马上去找×医生。结果却出现了笔误，写成“……我建议你马上去侮辱×医生”。

弗洛伊德听完后问他：“你是不是对×医生有意见?”

教授回答说：“我丝毫不怀疑他的权威性，但要说意见嘛，确实有一点，有一次，我让他给我开一个证明，结果他却拒绝了。”

弗洛伊德说道：“所以，你的笔误也可以算作是你内心意愿的一种体现，因为你内心中确实有想要侮辱他一番的愿望。”

忘记童年

在弗洛伊德心理学体系中，童年生活经历的遗忘问题都是一个关键。

弗洛伊德发现，在大部分人的记忆中，关于童年生活的片段都难以保留。一个人很难记清楚自己的童年时发生的事情，只有一小部分还记忆犹新。对于这种状况，弗洛伊德给出的解释是——童年生活的绝大部分内容都被压缩到潜意识中去，而那些能勾起痛苦回忆的部分就是被压抑得最厉害的部分。也就是说，我们的心理防御机制，压抑了关于童年时不愉快经历的记忆。而这部分记忆，成为了我们潜意识的重要组成部分。

潜意识并不“安分”，个人虽然察觉不到自己的潜意识，但是潜意识却在时时刻刻影响一个人的行为。于是，那些被压抑在潜意识中的童年痛苦经历，有时会片断地、不成规律地表现在日常记忆中——这就是我们无法获得完整童年记忆的原因。

在弗洛伊德看来，那些被压抑在潜意识深处的童年痛苦回忆一刻也没有停止活动。例如，一个人在童年时被蛇咬了一口，他可能忘记自己被蛇咬过的事情，但是如果再次遇到蛇，甚至是和蛇相似的东西，他内心的恐惧就会不由自主地涌现出来。这就是童年痛苦经历潜藏在潜意识中所带来的反应。

为了说明观点，弗洛伊德举了一个与自己有关的例子。在弗洛伊德开始自我分析的时候，他对自己童年生活发生了浓厚的兴趣。他经常回忆自己童年的事情，但是却发现，自己只能回忆起一些片段。其中的一个片段是：自己站在一个大柜子前哭叫着不知要什么东西，比他大整整 20 岁的异母哥哥正拉着敞开的柜门。这时，弗洛伊德那身材纤细、面容姣好的母亲，仿佛刚从街上回来，忽然走进房里。

在这段回忆中，弗洛伊德不知道自己为什么会站在柜子前面，也不知道自己为什么会哭。为了搞明白事情的前因后果，他去询问母亲，母亲对他说：“你从小由一位奶妈照管，对奶妈很有感情。有一天，你发现奶妈不见了，四处寻找。而你哥哥则逗你说，奶妈被关起来了。实际上，这位保姆已被辞退。因为她偷了家里东西，你哥哥把她送到了警察局。你却以为她被你哥哥锁在柜子里。所以你才会站在柜子前，你才会哭。”

通过类似的对其童年生活的追忆，弗洛伊德得出了关于“遮蔽性记忆”的情景结论。他说：“事实上，童年的琐碎记忆之所以模糊，主要是因为‘转移作用’。精神分析法指出，某些非常重要的印象，因为受到防御机制的压迫，无法被回忆，但是他们又是那么重要，所以只好以替身的形态出现。我们所以记得这些替身，并不是因为它们本身的内容有什么重要性，而是因为其内容与另一个受压抑的思想之间存在着联带的关系。为了说明这种现象，我特地创造了‘遮蔽性记忆’这个名词。”

弗洛伊德把遮蔽性记忆分成了三种形式：侵占式的、同时的、邻近的。在我们的日常生活中，侵占式的遮蔽性记忆是最常见的。

所谓侵占式的回忆，简单而言就是一个童年时的重要回忆，被另一个无关紧要的，但与之有点关联的印象所代替，那个无关紧要的印象就如同是侵占了童年回忆的空间一般。

弗洛伊德还举了一个侵占式回忆的例子。

有一位青年在20多岁的时候，记起了5岁时发生的一件事情：在花园的凉亭里，他坐在姑姑身边。姑姑教他认字母，他觉得自己很难分清字母“m”和“n”。所以要姑姑解释这两者的区别，姑姑对他说“m”这个字母整整比“n”多了一笔。

这位青年为什么会突然回忆起这件微不足道的小事情？弗洛伊德认为，这段关于辩证m和n区别的回忆，遮蔽了童年时期另一个重要的心理，那就是儿童想要了解男人与女人的区别的好奇心。至于青年人的这段回忆，很可能是被侵占后的不实回忆，弗洛伊德解释说：“就象他想分清m和n这两个字母一样，后来他也想知道男孩和女孩究竟有何不同，真希望姑姑在这方面也能教教他。一旦他发现，两方面的差别很相似——男孩也只是比女孩多了那么一部分，他才记住了孩童时期的那种好奇心。”

在弗洛伊德看来，童年的回忆之所以朦朦胧胧、残破不全，并不是因为我们的记忆力出现了问题，而是因为人的实践经验逐年增长的结果。他说："童年以后的诸种强烈力量往往改变了我们婴儿期经验的记忆容量。可能也就是这一种力量的作用，才使得我们的童年生活回想起来朦胧似梦。"

由此可见，所谓的童年期的回忆，实际上已经不是真实有效的记忆，它们往往被取代、被改变，是"后来润饰过了的产品，这种润饰承受多种日后发展的心智力量的影响"。

成年人的遗忘

事实上，遗忘机制不仅在儿童的身上体现，有时候也会出现在成年的世界里。

1900 年夏天，有一次，为了一件琐事，弗洛伊德的妻子惹怒了弗伊洛德。当时，他们正在一家餐馆吃饭。有两个人坐到了他们对面，其中一个维也纳人，和弗洛伊德认识，但是也有矛盾，弗洛伊德很讨厌他。

弗洛伊德的妻子并不知道丈夫与此人的关系，也不知道此人的名声很差，就与之攀谈起来。谈话中，弗洛伊德的妻子还礼节性地对那个人的话表示了赞同，这让弗洛伊德非常恼火。

过了一段时间之后，弗洛伊德偶然地向一位亲戚提起了这件事情，他抱怨自己的妻子太不懂事，但是当他想举一些具体的例子时，却发现自己根本想不起来那天妻子和那个人具体谈了什么，一句也想不起来。

弗洛伊德不是一个健忘的人，他认为，自己之所以会忘掉当时的谈话，是因为在他想要“数落”妻子的时候，潜意识告诉他应该保持对妻子的尊重，防止遗忘机制于是开启，产生遗忘。

还有一件事情于此类似。弗洛伊德的妻子偶尔说了一句蠢话，惹得弗洛伊德哈哈大笑。数小时后，弗洛伊德一位非常要好的朋友登门拜访，彼此畅谈甚欢。弗洛伊德想要重述太太讲过的那句话，但是却发现自己突然遗忘了。倒是弗洛伊德的妻子大方，主动说出了那句话，才解了弗洛伊德之窘。与上一次一样，弗洛伊德的此次遗忘是他热爱和尊重自己的太太的结果。

亲密的、信任的、尊重的关系确实可以让一个人忘记一些事情。弗洛伊德每次到了他最好朋友的家门口，就会下意识地掏钥匙，似乎忘了这并不是自己家。弗洛伊德分析说：“这是因为他在潜意识中认为，到了这个好朋友的家里就如同到了自己家一样。”

除了亲密关系之外，恶劣的关系也会导致遗忘，但是这种遗忘跟上一种的心理状态完全不同。

有一次，一位公司主管请弗洛伊德到费希尔公寓为自己看病。一路上，弗洛伊德觉得自己对这个地方特别熟悉，似乎来过一样，但是他却忘记了自己什么时候来过。这件事情引起了弗洛伊德的探索热情，他开始全神贯注地进行思索，收集一切有关的材料，最终找到了问题的答案，原来，他确实去过那个费希尔公寓。就在不久前，弗洛伊德在赶往费希尔公寓的途中，遇到了一位病人。在几个月前，弗洛伊德诊断出此人患上了泛发性麻痹症。当然，这个病人不以为然，不接受弗洛伊德的治疗。

几个月后，病人的症状消失了（事实上，病症表面的和缓恰恰表明他的症状加重了）。病人却因此认为当初弗洛伊德的诊断是不负责任的，所以，在街上遇到弗洛伊德的时候，病人嘲讽了他一番，让他大为脑火。就是受了这件事的影响，弗洛伊德才忘掉那个地方。

在解决了遗忘问题之后，弗洛伊德又开始思考：这件被遗忘的事情是怎样被回忆起来的？在弗洛伊德的认识中，这种被压制的记忆是很难重新恢复的。那么为什么这一次记忆恢复了？

通过一番研究，弗洛伊德发现，此次记忆之所以能被唤醒，主要有三个原因：第一，那个人患的麻痹性痴呆，属于性病的一种，所以，引起潜意识的兴趣；第二，那个病人的身份与弗洛伊德这次要探望的病人一样，都是企业的老板；第三，当初还有一个医生也诊断出了那个人的病，这个医生的名字是费希尔，与费希尔公寓同名。由于三种“联想”都指向了一个特定的记忆，所以被压制的记忆才得以恢复。

弗洛伊德非常欣赏尼采的一段话：“我的记忆说：我曾做过那件事。但我的骄傲说：我没有做过，而且坚持不让。最后我的记忆让了步。”在弗洛伊德看来，这句话其实很好的说明了人为什么会遗忘，就是“想要遗忘”。

通过对遗忘机制的研究，弗洛伊德意识到：心理的防御机制，不仅会让人忘记那些不愿想起的事情，还加强了对“有益事物”的记忆，例如那些具有振奋民族精神、扫除民族耻辱的传说，虽然历经千年，但始终被人铭记。

可贵的著作

《日常生活的心理分析》内容之丰富、生动，不下于《梦的解析》。我们在本书中不可能全部叙述。但是通过以上的描述，我们可以对弗洛伊德的治学理念及学术观点初窥门径。

《日常生活的心理分析》可以看作是《梦的解析》的延续，其实，在弗洛伊德撰写《梦的解析》的同时，就已经在收集日常生活中的一些心理学素材。

从学术意义上而言，《梦的解析》具有开创性的意义，而《日常生活的心理分析》则是对弗洛伊德学术思想的总结。在《日常生活的心理分析》一书的最后一部分，弗洛伊德说："我们应用精神分析学了解到错失和偶发行为的机制，发现它们与梦的形成机制基本相似。我们的潜意识用种种奇特的方式，转化成了我们日常生活中的梦境或种种错失……梦和日常生活的错失之所以显得毫无理由，都是潜意识的作用。我们可以得出这样的结论：在人心深处，有一股潜流存在。在《梦的解析》一书中，我们对此已经有所了解。而今，我们已拥有更多的证据，发现它并不是只作用于梦境，在人们清醒的状况下，这股潜流也在影响着我们的生活。这种一致性，更使我们相信，这些看来奇特反常的心理活动——错失现象，恐怕并不是精神活力败坏或官能病态的结果。"

弗洛伊德对自己在《日常生活的心理分析》中的发现非常满意，他曾经说:“通过本书，人们或许应该明白，精神分析学就不是精神病理学领域中的一个分支，而应是一个深入了解正常人心理状况所同样必不可少的、崭新的和深邃的精神科学的根基。”

在《日常生活的心理分析》中，弗洛伊德所引用的素材都是能够被人所接受的。几乎所有人在看这本书的时候，都会发现弗洛伊德在书中举出的一些案例是自己也遇到过的，这更能引起读者的共鸣。

《日常生活的心理分析》的另一个可贵之处在于，本书的语言非常优美。为了让自己的著作可读性更高，弗洛伊德在书中经常引用文学名著的有关段落进行说明。例如，弗洛伊德在分析口误的时候，引用了莎士比亚名剧《威尼斯商人》中的一个例子:

这是《威尼斯商人》第三幕第二场里的一段话。这一场戏的主要内容是:父亲的遗嘱规定鲍西娅必须通过摸彩盒的方法来选丈夫。她非常幸运的避开了所有让自己讨厌的候选人，后来，她终于发现巴珊尼欧是自己真正喜欢的人，但是又怕他摸不中彩。鲍西娅当时非常纠结，一方面，她希望即便是心上人摸不到彩，自己也能嫁给他；另一方面，她又不愿意违背父亲的意愿。在这种矛盾的心理中，她对心上人说:

虽然不一定就是爱，但我心里总好象有点什么，使我舍不得失去你；

你自己也明白，若我无情，哪里会这样依依。

如果不是怕你误会我，我真愿留你住上一两个月，让你为我冒险一试。

我原可指点你怎么选，可是这岂不违背了我自己的誓言；

故而我也许要终生遗憾，也许你失去了我；

如果真的这样，你恐怕要逼得我懊悔，愿当初还是背盟的好。

你那双可恶的明眸，竟迷惑了我，把我裂成了两半；

一半是你的了，还有一半也是你的——不，我该说还是我自己的；

然而我的也都是你的，所以整个都是你的了。

这段话表明，鲍西娅很想悄悄地暗示心上人，自己已经全心全意的爱上了他，但是，她又不能明说。所以在对心上人说这些话的时候，她出现了口误。

弗洛伊德认为，莎士比亚以其敏锐的心理分析能力，洞察出女主人公的内心活动，这使得作品的真实度大大提升，同时也稍微减轻了观众期等后果时的紧张心情。

《日常生活的心理分析》描述的是一些日常生活中习以为常的琐碎内容，如专有名词遗忘、外国名字遗忘、一般名词与字序的遗忘、童年回忆与遮蔽性记忆、语误、读误和笔误等等，但是揭示的却是心理现象的根源。

很多人曾经把精神分析学理论看作是非常神秘的东西，但是在《日常生活的心理分析》中，弗洛伊德联系实际、深入浅出地解释了精神分析的核心内容，使人读起来津津有味、一目了然。因此，这本书也可以算作是学习弗洛伊德的精神分析学，特别是潜意识理论最好的入门书。

第六章

弗洛伊德与荣格

1906 年，瑞士精神分析学家荣格以及他的门生们宣布放弃自己的旧有学说，赞成弗洛伊德的方法和结论。作为心理学历史上两位赫赫有名的大人物，弗洛伊德和荣格的相遇如同彗星撞月球，掀起了威力巨大的“冲击波”。而他们两人长达 20 年的恩恩怨怨，也就此开始……

组伦堡大会

1910 年 3 月 30 日，在纽伦堡召开了第二次国际精神分析大会。这次会议对于弗洛伊德学说的发展有着至关重要的作用。

这天早上，弗洛伊德早早地来到会场，同阿伯拉罕一起讨论了精神分析学会的一些问题。

会议开始之后，弗洛伊德发表了题目为《精神分析治疗法的前景》的演讲。瑞士的两位著名精神分析学家荣格(这个人我们在后面会着重介绍)和汉那格做了高质量的学术报告。

弗洛伊德一直以来想要让自己的精神分析理论得到更加广泛的认可，为了达成愿望，他努力使各国的精神分析学家更紧密地合作，共同制定一些研究计划。这样以来，就需要成立一个从事精神分析工作的专门组织。弗洛伊德委托费伦齐筹划此项工作。

经过一番考量，费伦齐制定了一个成立组织的方案，在这个方案中费伦齐准备将精神分析学组织的中心设在苏黎世，并建议让荣格当会长，当他将方案公布之后，却遭到了维也纳精神分析学者的反对。这些人认为，费伦齐的方案低估了维也纳精神分析学家的工作能力，更反对让瑞士人荣格成为大会的主席。

对于费伦齐的这个方案，弗洛伊德其实是比较支持的，因为在方案制定之初，费伦齐就曾经向弗洛伊德建议说："精神分析的观点不能容忍民主平等，它必须有精华分子作中坚，遵循着柏拉图式的哲学家统治路线。"弗洛伊德当时同意这一观点，他也认为如果想要让精神分析学更好的发展，就不能仅仅依靠维也纳的学者。

或许，弗洛伊德也没有想到这个方案会遭到如此激烈的反对，为了平息矛盾，弗洛伊德亲自出面劝说维也纳的学者们。为了让他们通过方案，弗洛伊德还主动表示愿意让出自己的"维也纳分会主席"的职务，让另一位维也纳学者阿德勒来担任。同时，为了平衡荣格与阿勒德的地位和权力，弗洛伊德又提出，除了由荣格主编原有的《精神分析与精神病理研究年鉴》以外，精神分析学会再办一个新杂志，由阿德勒和斯泰克尔(两人都是维也纳人，也都是犹太人)担任主编，这个杂志的名字最后定为《精神分析中心杂志》。

在弗洛伊德的斡旋之下，阿德勒终于同意通过方案，但是矛盾的种子也因此埋下了——在大会召开仅仅 5 个月后，阿德勒便宣布退出组织。两年后，斯泰克尔也退出了大会。维也纳精神分析分会陷入一片混乱之中。

对于这样的结果，弗洛伊德早有预料，就在纽伦堡大会刚刚闭幕后不久，他就曾经给费伦齐写了一封信，信中说：

毫无疑问，精神分析学已经取得了巨大的成功。但我们俩却未能获得更多。显然，我的报告反响很平淡，我不明白这是什么原因。这件事中包含着许多值得引起我们注意的问题，但是我却已经累了，对此无可奈何。你的方案很好，但是却遭到了激烈的反对，还造成了那么多的矛盾，他们甚至忘记了你对于精神分析的卓越贡献。当然，每个协会都会遇到很多麻烦的事情，这本身并不奇怪。

……

但是，无论怎样，我们还是做成了一件我们想要做成的事情，它将对未来产生广泛且深刻的影响。我非常高兴我们之间能够完全协调一致，我要热烈地感谢你的支持，你的支持是很有成效的。

现在，事情还没有结束。我早就知道，现在已到了对我心中想过的事情做出决定的关键时刻。我把维也纳分会主席的职务让给阿德勒并非我愿，但即便如此，我不相信他们仍然不会满足。

虽然事情在往坏的方向发展，但是精神分析学会的成立，毕竟给弗洛伊德带来了正面的效应，它是一个有力的组织，让弗洛伊德的学说有了更加强大的后盾。因此，我们可以将纽伦堡大会视作是精神分析学科学发展的整个历史上的一个重要里程碑。从此以后，弗洛伊德成为了“一派宗师”，他的学说也迅速在世界各地传播。与此同时，一场“国际精神分析学运动”的国际性学术活动广泛地开展起来。

精神分析走向世界与分裂

随着纽伦堡大会的召开，精神分析迅速成为了当时世界心理学界和医学界讨论的一个热门话题，欧洲各国召开的各种医学工作会议时，总免不了要提到精神分析。

远在大洋彼岸的美国，也掀起了一阵精神分析学的研究热潮。1910 年 5 月 2 日，美国精神分析学分会在华盛顿正式成立，由心理学家普林斯担任主席。《变态心理学杂志》成为了该会的机关刊物。后来，《变态心理学杂志》

改版为《变态和社会心理学报》，并由著名社会心理学家奥尔波担任总编，成为了著名的心理学刊物。

在俄国，也有人对精神分析学产生了兴趣。奥希波夫和他的同事翻译了弗洛伊德的许多著作。莫斯科科学院为优秀的精神分析学者颁发了奖金。1910 年，莫斯科开始发行《精神治疗法》杂志。

除此之外，在法国、意大利、澳大利亚等国也开始研究和翻译弗洛伊德的著作。

1910 年也是弗洛伊德在学术上有突出成就的一年。他于这一年先后发表了《原始语言的对偶性意义》、《恋爱生活对心理的寄托》、《精神分析学论文集》、《爱情心理学之一：男人选择对象的变态心理》、《列奥纳特·达芬奇对幼儿期的回忆》等著作。这年夏天，弗洛伊德还给奥地利著名的作曲家古斯塔大·马勒进行精神治疗。

当时马勒患上了强迫性精神病，这使他非常苦恼。通过弗洛伊德的治疗，他的病有所好转，而且他与妻子之间的关系也改善了。这使马勒及其家人对弗洛伊德深为感激。

学术上的成功，使得弗洛伊德在门诊业务和收入上也获得了丰收。他单独开了一个办公套间，将工作的地方和住的地方分开。他开始收藏罗马和希腊小雕像以及其他一些古董，而且，他还有足够的钱到更遥远的地方去过更豪华的度假生活。这段时间的弗洛伊德，每年工作 9 个月，剩下的 3 个月时间都会用来度假。这一年夏末，弗洛伊德与费伦齐一起到巴黎和南意大利度假。他们从巴黎到佛洛伦斯、罗马、那不勒斯和西西里岛。在度假中，弗洛伊德一改往日严肃的神情，变成了一个热情、豁达、散荡、不拘小节的人。由此也可以看出，这段时间的弗洛伊德充满了成功的喜悦之情。

度过了愉悦的 1910 年之后，精神分析学派的分裂让弗洛伊德再度陷入苦恼之中。他说，在 1911 年到 1913 年间，欧洲的精神分析学运动发生了两次比较严重的分裂运动。这两次分裂运动的核心人物分别是阿德勒和荣格。分裂运动的声势如此浩大，很多人都追随他们而去……

在这段话中所提到的荣格，就是那位在纽伦堡大会上被选为精神分析学会主席的瑞士人。此人与弗洛伊德之间的故事，在弗洛伊德的学术生涯中占据着非常关键的地位。我们不妨从头说起。

1906 年，瑞士精神分析学家荣格以及他的门生们，宣布放弃自己的旧有学说，赞成弗洛伊德的方法和结论。作为心理学历史上两位赫赫有名的大人物，弗洛伊德和荣格的相遇如同彗星撞月球，掀起了威力巨大的“冲击波”。而他们两人长达 20 年的恩恩怨怨，也就此开始。

1875 年，荣格出生于瑞士凯斯威尔的一个宗教家庭，他的 8 个叔叔及外祖母全部都是神职人员，父亲则是一位虔诚的牧师。

在这样的家庭中长大，荣格身上难免有一些神秘主义倾向。小的时候，荣格是一个“奇怪而忧郁的小孩”。

在荣格身上，发生过一些匪夷所思的事情。他 12 岁那年，一个男孩猛然推倒了他，使荣格的脑部受到了重击。接下来的几个月内，荣格的大脑中似乎总有一个神秘的声音挥之不去。每当他必须回到学校或者面对功课时，便会陷入昏厥的状态。

这种状况的持续使荣格父母忧心不已，从各处请来的医生也无法提出有效的治疗方法，甚而有人认为这是一种癫痫的状态。

既然别人帮不了自己，荣格只能“自救”。他便逼迫着自己去读书。

一开始，只要读书超过 10 分钟，荣格就会感受到强烈的眩晕感，但是他靠着强大的意志力努力支撑。

经过了数月努力，荣格终于恢复正常。日后回忆起这件事，荣格认为自己是经历了一次“精神官能症”。所谓的精神官能症，是焦虑症的一种，是由心理上的焦虑引发的生理上的不适。

也就是说，荣格认为自己那次发病，其根源其实不是脑子被“撞坏”了，而是因为在学校受到了欺负，因此对上学、读书等事情产生了焦虑。内心的焦虑“指挥”身体做出反应，以逃避学校。最终，荣格通过内在的意志力战胜了内在的焦虑，让自己“回归”于正常。

人们常说，“人最大的敌人就是自己”，这句话在心理学上是说的通的，我们总是在和自己的内心作斗争，用内心的光明战胜内心的黑暗，用积极向上的心理战胜消极情绪。在这种斗争中，我们“找到”了那个最好的自己。荣格的事例就是一个证明。

人在战胜过自己一次之后，就会产生强大的自信。这种自信让人对掌握自身命运充满了乐观和自信。荣格就是如此，自从他从不幸的经历中挣脱出来之后，开始变得更加勤奋。

在学习中，荣格开始接触哲学和文学，他被柏拉图、毕达歌拉斯、恩培多克勒等人营造的“形而上”的哲学世界所吸引。而且，荣格和弗洛伊德一样，是一个充满了“美感”的学者，这一点可以从他们的著作中看出来——这两个人的著作虽然内容深奥，但是文字优美，善用文学笔法作为修辞。

大学时，荣格一脚踏入了医学专业。当时他选择这门学科的理由是他的祖父曾经当过医生。

大学毕业后，荣格选择教授精神医学方面的课程并临床实习。

当时，精神医学并未有完整的发展，那些从事相关工作的医生们，也大多缺乏系统的理论。而精神疾病事实上可以算作一种“绝症”，因为没有人能够真正的治愈这种病。当时的医生们不关心患者的人格和个性，只关心具体的症状，认为只要“对症下药”，就可以治好病。

这是不现实的。因为心理疾病和生理疾病存在本质上的不同。生理疾病，诸如感冒，发烧了吃退烧药，咳嗽了吃止咳药，就可以治好。但是心理疾病却非如此，诸如焦虑症，你必须要先搞清楚患者为什么焦虑，然后帮他们解开心结，才能治愈。不同的患者有不同的病因，如果对于所有人都采用同一种治疗方式，彻底治愈的可能微乎其微。

荣格敏锐地察觉到了这种不足，他主张精神医生去深入了解不同患者的个性，而后有的放矢地实施治疗。为此他做了许多努力，也获得一定的成就。也正是在这一阶段，他开始接触到弗洛伊德的理论，并且被其观点所折服。用荣格的话说就是:"我发现弗洛伊德对梦进行分析与阐释的技巧在精神分裂症的各种表达形式方面使人大开眼界。"（出自荣格自传《回忆·梦·思考》）

荣格接触弗洛伊德的理论是从《梦的解析》一书开始的。1900 年，他便读了这本书。但是由于当时荣格在学术上还未有更深的造诣，并未全完理解书中所表达的观点，所以他读过之后，便放到了一边。

1903 年，荣格再次捡起《梦的解析》读了起来，此时，他才惊讶的发现，原来弗洛伊德的理论如此广博，更为关键的是，荣格发现弗洛伊德注重分析患者的人格和个性，这与他的主张不谋而合。

1905 年，荣格升任为苏黎士大学的精神医学讲师，并在同年成为精神科医院的资深医师。这时虽然他并未投入到弗洛伊德门下，但是在授课中已经开始教授弗洛伊德的理论。

荣格给学生讲授弗洛伊德理论的做法在学术界引起了不满，因为当时弗洛伊德的理论虽然广为人知，但并不被大部分人所认可（因为弗洛伊德的理论中，将"性"这一敏感问题摆到了台面上，当然，这可能与弗洛伊德的犹太人身份也有一定的关系）。

对于自己的处境，荣格是心知肚明的，他说：“人们最多只是暗地里提及他（弗洛伊德），在各种代表大会上，人们只是在过道的地方讨论他，而在会议室里人们却三缄其口。因此，当我发现我的联想测验竟与弗洛伊德的理论一致时，我是根本感觉不到有什么可高兴的。”

支持弗洛伊德给荣格带来的窘境，一度让他无所适从。以致在发表文章的时候，荣格的心中出现了两个声音。

第一个声音说：如果我在文章避免提及弗洛伊德，那么就可以避免因为和他沾上关系而被人们谴责。

第二个声音说：如果我这么做，那么就等于是一种欺骗和剽窃，是可耻的。

最终，第二个声音战胜了第一个。而从那时起，荣格就开始公开的支持弗洛伊德，并因此与学界同仁展开了斗争。

“卫道士”荣格

在很长一段时间里，荣格都扮演了一个弗洛伊德学派“卫道士”的角色。他为了捍卫弗洛伊德的学说，开始对那些反对者们口诛笔伐。

在慕尼黑举行的一次代表大会上，一个与会者的发言论及强迫观念性精神病，这是弗洛伊德的一个重要理论。但是此人却故意不提弗洛伊德的名字。荣格知道此事后很生气，他马上写了一篇文章，发表在《慕尼黑医学周报》上。文章中，荣格对弗洛伊德的精神病理论做了评述，并且声称弗洛伊德才是这门学科的开拓者。

这件事发生在 1906 年，是荣格投到弗洛伊德门下的一个开端。

荣格发表了这篇文章之后，有两个德国教授写信警告他说："要是你依然站在弗洛伊德一边并继续为他辩护，便会使你的学术生涯处于危险之中。"

而此时的荣格，已经是心如磐石般坚定，他回信说道："要是弗洛伊德所说的是真理，我就会站到他一边。要是学术必须基于限制探索及取消真理这个前提，对于这种学术我将弃如敝履。"

不久之后，荣格给弗洛伊德寄去了一篇自己的文章——《诊断性联想研究》。从那以后，两人之间的通讯便随之开始了。

1907 年，荣格给弗洛伊德寄去了他的另一篇著作——《早发性痴呆心理学》。

在寄给弗洛伊德之前，《早发性痴呆心理学》一文就已经发表了。但是荣格在这篇文章中所表达的观点却没有得到多少人的赞同，甚至有些同事还对他加以嘲讽。

或许荣格自己也没想到，他这篇被人们广为诟病的文章，竟然会引起弗洛伊德的重视——他邀请自己会面，讨论关于其中的一些问题。

1907 年，弗洛伊德与荣格在维也纳见面，这是他们第一次面对面的会面，也是历史性的会面。

下午 1 点钟，荣格来到了弗洛伊德的家中，见到了他的"精神导师"。之后，两个便开始就一些心理学问题进行了深入的探讨。

这一次会面一共持续了 13 个小时，直到凌晨两点钟，两人才意犹未尽的告别。对于荣格而言，这一次会面的意义非同凡响。虽然后来荣格与弗洛伊德"反目成仇"，但是他依然在自传中这样形容此次会面——"弗洛伊德是我所遇见过的第一个确实重要的人；在我那时的经历中，没有任何别的一个人可以与他相比。他的态度中根本没有一点儿浅薄的东西。我发现他极为聪明、机敏和卓尔不群。"

当然，若说弗洛伊德与荣格的第一次会面是"完美"的，也不尽然。在讨论中，荣格对弗洛伊德的某些理论不是非常赞同，他提出了一些保留性的意见，但是每次弗洛伊德都将荣格的反对意见归结于"你还太缺乏经验"。

弗洛伊德和荣格都是非常聪明的人，这样的人往往比较自负。弗洛伊德因为自负所以认为荣格对自己的质疑是"因为年轻"，而同样自负的荣格，也对此稍有不满（这一点可以从荣格的传记中体会出来）。由于当时荣格确如弗洛伊德所说，还太年轻，缺乏一些经验，所以他并未反驳，也并未因此否定弗洛伊德的学术成就。但是通过这件事情，我们或许可以认为，多年后弗洛伊德与荣格的交恶，似乎在他们第一件见面中就有所昭示。

现在我们将视角转回到我们的主人公弗洛伊德身上。

正如之前所说，在 1905 年之后，弗洛伊德确实经历了人生最为困难的一个阶段。而这一切的缘由，就是因为他出版了那本著名的《性学三论》。

在《性学三论》中，弗洛伊德提出了他的那个著名理论："性"是人类一切行为的源动力。

这本书中开篇讲述了"性错乱行为"的缘由，解释了同性恋、恋物癖等"性问题"的产生。第二篇，弗洛伊德开始将"性的研究"转向了婴儿。一般来讲，人们认为婴儿是不具备"性意识"的，但是弗洛伊德通过一系列的研究发现得出结论：人的性意识在婴儿时代就已经萌发，并且讲述了这种原始性意识对人格形成的影响。第三篇，弗洛伊德讲述了青春期性欲和因解剖学差别而形成的男性人格与女性人格的差异。

可惜，《性学三论》生不逢时，100 年以前的欧洲，禁欲主义还占据着社会的主流，公开谈论“性事”被认为是可耻的事情，尤其是弗洛伊德书中关于“婴儿性意识”的内容，更是引起了人们的剧烈批评，毕竟大部分人都愿意相信“孩子是天真无邪的”。

《性学三论》出版之后，弗洛伊德变成了一个“臭名昭著”的人物。他被认为“思想肮脏”，有人还给他戴上了一顶“维也纳浪子”的大帽子。至于弗洛伊德写的书，则被定义为“色情作品”，少儿不宜。

事实上，在明面上人们对弗洛伊德的理论敬而远之，可私底下，却有很多人在阅读和讨论弗洛伊德著作。所以就导致了一个滑稽的局面——大家都在声讨《性学三论》这本书，但是书的销量却扶摇直上。一年之内再版多次，并被翻译成 9 种外语。

之所以会有如此情况，一方面是因为人们从弗洛伊德的书中找到了合理性和开创性；另一方面，世俗的道德又不容许这种合理性的存在。说得直白一点就是，人们知道弗洛伊德可能是对的，但是又不能说他是对的，因为谁若犯了这个忌讳，就会像弗洛伊德一样，被扣上一顶“道德败坏”的大帽子。

弗洛伊德急需“援军”的出现。荣格就是在这个时候出现的，他公然支持弗洛伊德的理论。这对于弗洛伊德而言无异于雪中送炭。而且，荣格不是一个犹太人，所以他的支持，更有利于弗洛伊德的理论在主流学界中获得更多的认同。

在了解事情的前因后果之后，我们或许可以说一句狭隘的话：“弗洛伊德如此看中荣格，可能是出于功利主义的考量。”当然，说这句话也是有一定根据的。

著名的分析治疗师史瓦兹曾经写过一本书，叫《欧美精神分析发展史》。在书中，史瓦兹透露了一件事情：

1908 年 5 月 3 日，弗洛伊德给友人写的一份信中，如是说：“……完全是因为他（荣格）的参与，才免去精神分析变成犹太事务的危机。”同年8月13日，弗洛伊德给荣格写了一封信，在这封信中，弗洛伊德非常直白的说:“坦白承认我的目的是自私的，是为了说服你接手完成我开始于精神官能症之精神病研究工作。你强烈且独立的个性与日耳曼血统，让你能够比我更轻易得到大众的赞同，你似乎是我看过的人选中，最适合贯彻这使命之人。除此之外，我非常喜欢你，但我已不会把这种因素放在第二位。”

以上两段话，可以证明“弗洛伊德出于个人目的青睐荣格”的说法并不是空穴来风。

事实上，弗洛伊德也是不得已而为之。20世纪初期，欧洲的法国、德国反犹太倾向在维也纳愈演愈烈。所以，弗洛伊德的学术流派从建立初期所面临的就不仅仅是学术上的争论，还有包含着各种其他因素的暗流在涌动。如果弗洛伊德不寻找一个非犹太人作为自己的“继承人”，那么他的成功将很难被认可。

不管弗洛伊德的内心是怎么想的，荣格的出现确实缓解了他的窘境，而且他也确实将荣格视为自己最得力的门生。在经过初次见面与随后几封信的交往后，他们二人的友谊迅速升温。

在弗洛伊德与荣格最初的通信中，都表达了自己对于这段友谊的兴奋和激动。1907年7月1日，弗洛伊德在给荣格的信中写道:精神学的新生命与我们同在，在苏黎士和维也纳，而不在别的什么地方。因此，我们已经度过了第一个难关而安然无恙。

在信中，两人交流对临床病例的观点，交换对同行的一些看法，同时也相互问候、鼓励。对于那些中伤他们的同行，二人并肩作战，与之较量。对于那些无法理解他们的大众，他们相信只是由于根深蒂固的偏见所致。而他们相信有一天真理的曙光会通过他们传遍整个世界。他们一起憧憬着他们共同的理论在世界范围内引起反响并被接受。

这一时期，可以算的上是弗洛伊德和荣格相处最为融洽的一段时间。在他们二人的关系中，比荣格年长19岁的弗洛伊德扮演的是一个类似于父亲的角色；荣格则像儿子一样，力图获得弗洛伊德的认可。1907年，荣格在写给弗洛伊德的信中说道："说实在的，经过一番思想斗争，我不得不坦率向你承认……我对你的敬爱之情，具有宗教般的狂热和虔诚。"

性学三论

1908年，克拉克大学邀请弗洛伊德去担任"第一次国际精神分析大会"的主讲人。一般来讲，像弗洛伊德这样的犹太人是没有资格担任主讲人的。但是由于这次会议是荣格组织的，所以弗洛伊德获得了这样一次在权威科学大会上担任重要角色的机会。

在接到邀请之后，弗洛伊德非常高兴，因为这是他第一次接到类似的邀请。这意味着，主流学界对他的学术成就是认可的。

荣格也出席了会议。在会议上，他与弗洛伊德一道在"权威心理学家听众"面前宣读了5篇论文。

那些守旧的家伙们是不愿意轻易放过弗洛伊德的。在弗洛伊德演讲完之后，著名医师威尔·迈克尔就说弗洛伊德是个"肮脏可恶的家伙"，而另一位加拿大校长说，弗洛伊德好像是要提倡"回归到野蛮状态"。

但是，此时大趋势已经发生了变化：大多数听众，包括心理学权威威廉·詹姆斯在内，都表示弗洛伊德的理论存在合理性。而弗洛伊德的演讲内容也被诸如《国家报》、《美国心理学家》等媒体广泛讨论，这使弗洛伊德的思想在更广大的范围内产生了影响。会后，荣格写信给弗洛伊德说："总的说来，大会结果丨分圆满，预示着我们将大获成功。"

弗洛伊德从此成为了一个世界性的心理学家。

虽然获得了荣誉和认可，但是弗洛伊德的世界并非从此一帆风顺。

在弗洛伊德的个性中，骄傲、敏感、倔犟和自我中心主义始终存在着。作为一个伟大的开拓者，弗洛伊德希望能够彻底地控制自己的学派。他就如同是一个"帝王"，希望可以将每一个追随者的动态掌握在自己手里。

弗洛伊德这种唯我独尊的性格，曾经对他的人际关系造成了极大的打击。无论是那个和他一起出书立作、共同工作的布罗伊尔（二人共同出版了《歇斯底里的研究》，参见第一章第一节），还是曾经是他"密友、支持者、合作人和崇拜者"的弗里士，最后都与弗洛伊德产生了矛盾。理由都是弗洛伊德认为"对方的理论背离了自己的理论"。

在一次家庭聚会中，大家谈到了弗洛伊德无法团结"信徒"这个话题，弗洛伊德的一位姑姑这样说："你的问题在于，你根本不了解别人。"对于一位心理学家而言，这样的评语就像是在说一个厨子"你根本没有味觉"一样残酷。而事实上，在这件事情上，弗洛伊德的姑姑说的确实有道理。

对于失败的人际关系，弗洛伊德似乎缺乏一些"自我反省"。在经历了那么多失败之后，他没有一点改进，依然我行我素，所以类似的"悲剧"仍在上演。

阿尔弗莱德·阿德勒原本也是弗洛伊德的信徒，但是他通过研究，对弗洛伊德关于性欲在性格形成和精神病的发作当中所起的作用的观点产生了怀疑。一开始，弗洛伊德试图说服他相信自己的观点，但是未能如愿。于是，这两个人便开始了长期的争论。最终，阿德勒与其他几个门徒退出了弗洛伊德主导的维也纳学会，并形成了他们自己的学会。

一直以来，奥托·兰克都是弗络伊德的得力助手以及忠实的信徒。后来，他慢慢地形成了自己的理论，认为焦虑的主要根源是出生的创伤，那就是男性性渴望是希望重返子宫。但弗洛伊德不是很赞同，他试图用自己的观点来调和兰克的观点，但没能成功，两人之间的关系也逐渐变得紧张起来，最后于 1926 年彻底结束了。

可以说，几乎全部有所建树的门徒到最后都会遭到弗洛伊德的"驱逐"，至于荣格，从一开始的情况来看，他似乎能够成为一个"幸存者"，因为他与弗洛伊德的关系走得越来越近了。

1909 年，弗洛伊德和荣格同时应邀去美国讲学，他们相伴而行。

在船上，两人共同度过了为期 7 周的旅途生活。来到美国之后，他们的演讲受到了热烈欢迎。在美国，弗洛伊德成为了"受人尊敬和欢迎的人"，他的影响力被广泛认可。对此，荣格也感到非常高兴。

1910 年 3 月底，在第二次国际精神分析大会上，弗洛伊德力排众议，推举荣格担任精神分析学会的主席。

弗洛伊德就像一个真正的父亲那样对待荣格，在写给荣格的一封信中，他将荣格称之为精神分析王国的"王储"，并称荣格是他的"长子"。

所谓物极必反，当弗洛伊德和荣格的关系发展到达顶峰的时候，便是他们的决裂之时。作为弗洛伊德最得意的门生，荣格与弗洛伊德的矛盾随着交流的不断深入日益凸显。而引发他们之间矛盾的主要因素，恰恰正是那本《性学三论》。因此，我们若想深刻了解弗洛伊德和荣格之间矛盾产生的根源，就很有必要先了解一下《性学三论》这本书。

在弗洛伊德的心理学理论中，“性”占有一个非常重要的地位，弗洛伊德把人与动物皆有的、与觅食冲动相似的性本能、性冲动称为“原欲”。在他看来，人心理的活动和发展，都与“原欲”有着密切的关系。因此，就有了《性学三论》的诞生。

我们之前说过，《性学三论》分为三个部分，第一个部分讲的是“性错乱行为”，弗洛伊德称之为“性颠倒”

在东西方的神话传说中，都不约而同地出现了这样一个现象——人类最初的时候是“单性”，中国神话中的“盘古”，西方神话中的“亚当”，莫不如是。后来才一分为二，有了男人和女人。男女之间相互吸引，经过一番曲折奋斗之后又重新结合为一体，人类才得以繁衍至今。因此，人类的常态是男人与女人结合、男人爱女人。可是，世界上有些男人的性对象不是女人而是男人，也有些女人宁愿舍男人而与女性相爱。这种现象从古至今都有，但是至于它为什么发生，人们在很长时间都未能给出令人信服的答案。弗洛伊德试图揭开这一难题。

弗洛伊德将性颠倒分为三个种类:

1. 完全颠倒者

这些人追求的性对象自始至终都必须是同性，厌恶与异性的性关系，即使勉强与异性性交，也无法感受到乐趣。这种人就是同性恋。

2. 两栖性的性颠倒者（性心理半阴半阳）

性对象既可以是同性，也可以是异性，没有特定的对象。这种人我们现在称之为“双性恋”。

3. 偶尔颠倒者

处于某种特定情境中，当正常的性对象遥不可及时，暂以同性作为满足的性对象。这种现象在监狱中较为常见，著名电影《肖申克的救赎》中就有相关描述。

弗洛伊德发现，性颠倒的现象，会发生在那些外表看起来非常正常的人身上，会发生在智力、修养方面优于常人的成功者身上，也会发生在原始民族和野蛮人中身上。也就是说，同性恋散布于任何人群，与文化、种族、地域无关。

那么，同性恋现象出现的原因到底是什么？

历史上，很多人都认为：同性恋是因为男人身体里的女性化特征太过明显，亦或是女人身体里男性化特征太过明显造成的。支持这种观点的证据是——在人体解剖中，有时会发现一个人身上同时存在两种性器官（阴阳人），人们认为，这样的生理构造是同性恋产生的原因。

但是弗洛伊德却否定了这种观点，因为他根据观察发现：有很多同性恋男性，他们身上的阳刚气质并不比一般男性更少。所以同性恋必须是“阴阳人的说法”是不正确的。他进而指出，过去的人在性的认识问题上，普遍存在一个误区，那就是将“性本能”和“性对象”之间的关系看得太密切了。

所谓性本能，指的就是人类最为原始的、繁衍后代的本能（性欲）。所谓性对象，指的就是能够让性欲得以满足的对象。人们总是认为，性欲就是找到一个合适的对象，并与之发生性关系。什么是合适的对象呢？男人的对象就是性成熟的女人，女人的对象就是性成熟的男人。

弗洛伊德认为这是错的，在他看来，性欲的对象没有那么“固定”。比如说恋足癖，他们满足性欲的对象是脚；恋物癖，他们满足性欲的对象是某种物品；恋童癖，他们满足性欲的对象是还未成熟的儿童。而且，即使是正常人，也可能出现“性对象错乱的现象”，弗洛伊德举了一个非常文艺的例子——名著《浮士德》一书中，浮士德说：“我甚至渴望，她胸前的香帕，还有触过她双膝的透明罗裙。”弗洛伊德认为，在浮士德说那句话的时候，他的性对象就发生了改变，变成了手帕和裙子。

由此，弗洛伊德把同性恋和恋物癖、恋童癖归为一类，即：选错性对象的一群人。

至于，为什么会选错对象？弗洛伊德认为，这需要两个方面的作用：第一，就是先天体质的作用，如遗传基因、体质等；第二个原因就是由于偶发因素，使得性欲脱离了正常的性对象。这两个原因相辅相成，只有当体质与经验都导向一个倾向时，才会让人变得"极端"起来。

也就是说，弗洛伊德认为：一个人如果变成了同性恋，必须满足两个条件。首先，他的身体里有同性恋的潜质，包括基因和激素的影响（这一点已经被现代医学所证明）。其次，是在儿时受到了一些刺激。

弗洛伊德把同性恋产生的外部根源归结为"儿时的刺激"，这是一种全新的理论，在他之前，很少有人如此重视"儿童性心理的发展"。大多学者都认为，幼儿是没有性冲动的，性冲动只始于青春期。而弗洛伊德打破了这一局面。

弗洛伊德之所以如此肯定"儿童也有性欲"，与他个人的经历有关。儿时的弗洛伊德，曾经无意中看到了母亲换衣服时的场景，当时，幼小的他感受到了莫名的激奋。成年之后，弗洛伊德对自己儿时的这段经历依旧记忆尤新，这或许也是激发他研究"儿童性心理"的一个契机。

弗洛伊德认为，儿童也有性欲，但是由于生理上并未成熟，所以儿童的性欲会以其他方式表现出来。例如，很多儿童喜欢吸吮拇指、规律性地拉动自己的耳垂，这都是儿童"满足性欲"的方式。

幼龄儿童性欲最为明显的特征就是——"冲动不是指向他人，而是在自己身上寻求满足"。等到了 3 岁到 5 岁期间，儿童探索与求知的欲望也开始了。这时候，孩子们会"不经意"的问一些关于性的问题，如"她（他）为什么和我不一样?”“孩子是怎么生出来的?”

不要小看这些问题，它们对幼儿心理的发展有着深远的影响。

例如：男孩子们问“她为什么和我不一样”，当然是因为他们无意中看到了同龄异性生殖器，发现“她们”比自己少了一些“东西”。首先，这是一个性别意识的形成。对于幼儿期的孩子来讲，他们的性别意识很薄弱，男人、女人在他们看来“区别不大”，但是从这一刻起，他们开始认识到“我和她有本质的不同”，性别意识获得了增强。对于儿童而言，这是有利的，一个性别意识强烈的孩子变成同性恋的几率很小。而大部分同性恋者，小时候都有过“男孩当做女孩养”、“女孩当做男孩养”的经历，正是由于父母不正确的抚养方式，造成了孩子性别意识的薄弱，甚至是反常，才导致了性颠倒心理的发生。

其次，“她为什么和我不一样”这个问题，会让男孩子的自尊心受到极大的鼓舞，他们会认为“我有他们没有的东西，所以比他们厉害”，男权主义、男权社会，从幼儿时代便开始了。

弗洛伊德特别重视儿童时期的性心理进展，认为这个时期的“刺激”，会影响孩子一生的心理发展。如：如果被孩子看到大人的性行为，由于他们不能理解这种行为的含义，便会将其错误的理解成为一种“虐待”，那么孩子成年后极有可能成为“性虐待者”。

由此，弗洛伊德进而指出，在儿童心理发展的过程中，父母占据了非常重要的地位。双亲的情爱乃是幼儿心灵中最重要的内容。如果双亲不和，常常争执不休，婚姻不愉快，其子便很有可能在性的发展中产生错乱，甚至出现心理疾病。这一观点，在今天仍然值得为人父、母的人重视。

“叛徒”荣格

通过对《性学三论》的简单描述，我们知道，弗洛伊德将心理问题归结于儿童期的一些刺激。作为一个自负和倔强的学者，弗洛伊德对自己的这套理论非常的重视和维护，这就酿成了他与荣格的矛盾。

荣格不同意弗洛伊德有关精神病的性欲起源的重要理论，他认为精神病是大人的问题，与孩子无关，更和孩子的“性意识”无关。

在荣格看来，“弗洛伊德已在情感上非同小可地深陷进了他那有关性的理论去了”。荣格说的没错，在有关性理论的问题上，弗洛伊德就像是一个产子的母狼，如果发现谁威胁到了自己的“孩子”就会变得异常“凶猛”。每当提及自己的这个理论，他的声调便变得急迫起来，甚至几乎达到焦急的程度。要知道，弗洛伊德一贯冷静、客观，但一涉及性理论，他的批判性和怀疑性就不复存在了。

最初，弗洛伊德希望荣格能够支持自己的观点，他曾经对荣格说：“亲爱的荣格，请您答应我永远不放弃性欲的理论。这是一切事情中最根本的。您知道，我们得使它成为一种教条，一座不可动摇的堡垒。”

在弗洛伊德说这番话的时候，荣格似乎看到了一个信仰坚定的父亲在对孩子说：亲爱的，请答应我这一件事，每个星期天您一定上教堂去。荣格不能理解弗洛伊德的状态，他问道：“一个堡垒防卫的是什么呢?”

弗洛伊德回答说:“防的是烂泥沼的黑潮。”说完这句话，他犹豫了一会儿，继续说道:“这是一个教条，一个不容质疑的东西。”

听到这句话，荣格几乎惊呆了，他曾经以为弗洛伊德是一个信仰真理、敢于向一切教条发起挑战的人物。但是现在，他却变成了一个教条主义者，一个盲目的卫道士，这让荣格大为失望。

当年，荣格因为相信真理而投到了弗洛伊德门下，现在，他突然发现弗洛伊德却在千方百计的阻碍他追求真理的脚步。他对弗洛伊德的尊敬和拥护瞬间崩塌，这对于他而言是个打击。他的思想开始变得混乱，也不知道该以怎样的方式与弗洛伊德继续交谈下去。这次谈话就这样结束了。

人与人的关系像是一个大堤，一个小小的裂口，就会引发更大规模的决裂。自从弗洛伊德和荣格在“性理论”的问题上产生了争论之后，他们之间的矛盾就开始迅速扩大。

1909 年 3 月 25 日，荣格再次来到维也纳与弗洛伊德会面。在这次会面中，发生了一件匪夷所思的事情。当时，荣格和弗洛伊德正在房间中谈论日常生活中的一些“灵异事件”，突然间，从书架那儿发出一声巨响，两人都被吓了一大跳。

等两人从惊慌中平复之后，荣格对弗洛伊德说:“你瞧，这就叫做催化显示现象。”所谓的“催化显示现象”，简单而言就是想什么事情，什么事情就会发生。房间里的两个人都在想一些灵异的事件，于是便真的发生了类似的时间。

对于荣格的说法，弗洛伊德嗤之以鼻，“得啦!”他用嘲笑的口吻对荣格说，“无稽之谈。”

荣格针锋相对的说:“你信不信，书架还会在响。”

还没等弗洛伊德回答，书架那里果然就又传来了一声巨响。弗洛伊德目瞪口呆，他不敢相信，这个被自己称为是“皇储”的人，居然相信如此虚幻的理论。自此，他的荣格的态度也越来越冷淡。

1910 年，荣格给弗洛伊德写了一封信，信中说：“事情必定会如此……你发掘出宝石，而我所要做的是对宝石进一步加工修整。”从中我们不难窥到，两人的关系已进入越来越微妙的阶段。荣格不再甘心于笼罩在弗洛伊德的影子下了。

之后，荣格开始写《变形的象征》这一重要著作，在这本书中，荣格所提出的一系列理论，都与弗洛伊德的理论相互冲突。

在写作的过程中，荣格的内心非常纠结。他知道，如果自己真的将这本书出版了，那么他与弗洛伊德的友谊就算是走到了尽头。对于这位昔日的恩师和“父亲”，荣格毕竟心存敬畏，但是如果让他违背自己的意愿，放弃自己的理论，那也是做不到的事情。

内心的纠结让荣格变得焦虑不安，他甚至紧张到无法握住一支笔的程度。荣格反复问自己：“是应该不把我自己的观点公开表露呢？还是置对我来说是如此重要的工作而不顾呢？”最终，对于自己学术成果的坚持战胜了对弗洛伊德的敬畏，荣格按照自己的意愿写完了《变形的象征》一书。

几乎于此同时，弗洛伊德来到了荣格生活的克伦兹里根市。他提出要见荣格一面，但是荣格却让弗洛伊德白白等了两天，最后也没有去见他。或许，此时的荣格，还没有做好与弗洛伊德彻底决裂的准备。但是这一天终究是会到来的。

不久之后，《变形的象征》一书发表。正如荣格所料，弗洛伊德从书中嗅到了文中“离经叛道”的味道。门生的接连背叛，已经让弗洛伊德身心俱疲，他不希望失去荣格这个左膀右臂，所以主动给荣格写信说：“不必因为理论上的分歧而影响个人之间的关系。”但是，此时的荣格已经下定决心，要和弗洛伊德在学术上分出个高下。

1912 年 9 月，荣格再次到美国讲学，并赢得热烈的反响，这坚定了荣格加速同弗洛伊德理论对立的信心。在演讲中，荣格也提到了关于弗洛伊德的话题，一方面，他表示自己仍然对弗洛伊德的勇气胆量以及执着、恒心表示由衷的敬佩，但同时批评弗洛伊德的性理论太过狭隘，尤其是针对“儿童性心理”的理论进行了批判。

从美国回到欧洲后不久，荣格便主动邀请弗洛伊德会面。

在这次会面中，两位心理学家都在小心翼翼地试探着对方的心理。荣格想知道弗洛伊德对他的态度，弗洛伊德则迫切希望知道对方是不是真的决定“背叛”自己。

在交谈中，弗洛伊德三番五次的暗示荣格，自己将其视作儿子，自己的事业将来需要荣格来继承。他的本意是想借此留住荣格，但这些话恰恰刺伤了荣格的自尊心。在荣格的传记中，写道：“在我脑海里，对于当某个党派的领袖毫无兴趣，也不想使思想背上这个包袱。第一，这种事情不合我的天性；第二，我不想牺牲我的思想的独立性；第三，这样的荣耀是很不为我所欢迎的，因为这只会使我偏离开我的真正目的。我关心的是探索真理，而不是个人威望的问题。”所以，荣格很委婉地拒绝了弗洛伊德的好意。

直到此时，弗洛伊德才意识到：荣格已经留不住了，而且，他将来会成为自己的挑战者。最信赖的弟子如今成为了最大的敌人，这对于弗洛伊德而言是一个重大的打击。会谈结束之后，弗洛伊德晕倒在了餐桌边上……

此后不久，荣格又给弗洛伊德写了一封信，信中说：“恕我诚恳地对您直言，如果你并不反对的话。我得承认，对于你，我的感情非常矛盾。但是，我还是愿意真诚地表明我对彼此之间一些问题的看法。如果对此有所怀疑，对你而言将是一件不幸的事情。不管怎么样，我得说，你用对待你的病人那样的方式来对待你的学生，这是一种错误的行为。这样一来，你身边的人要么是奴性十足、盲从的‘儿子’，要么就是轻率浅薄的小人。我确实十分清楚地看穿了你玩弄的种种手段。你在你的周围处处施加个人影响，使每一个人在你面前都都如同儿女一般规矩。他们不得不痛心疾首承认自己的疏忽和过失以及生命的卑微。而你却不管不顾地稳坐在父亲的高座上。出于绝对顺从献媚，没有人能够告你真相，甚至哪怕是对你上一次向病人所说的话表示怀疑，他们没有勇气去对分析者进行分析，只是满足于被别人分析的地位。在这种情况下，倘若有谁敢这样做，你肯定会这样问他——是谁得了神经症？你看，亲爱的教授，如果你也用这样的态度对我，我对我的现在的行为压根儿没有什么盔甲，同我的弗洛伊德兄长的犀利而令人畏惧的目光相比，它们断然暗淡无光。”

这封信意味着，彻底的决裂。

在科学史上，科学家之间的“决裂”是常有的事情。如奥本海默和泰勒的决裂，海森堡与玻尔的决裂，杨振宁与李政道的决裂。对于他们个人而言，一段友谊的结束当然算不上好事儿，但是对于人类而言，这种事情却大多有益无害，因为两种思想的碰撞和竞争能够促进进步和发展。弗洛伊德与荣格的决裂也是如此——它极大促进了心理学研究的多元化。当然，这是后话了。

1913 年 9 月 7 日，国际精神分析学代表大会在慕尼黑召开。

对于弗洛伊德和荣格之间发生的事情，大家都心知肚明，许多人在会前猜测：弗洛伊德和荣格会不会公开作对呢？

答案是：会。

在这次大会上，荣格以及他的追随者们以好战者的姿态进行活动，宣扬与弗洛伊德完全不同的学术主张，批评弗洛伊德的错误。

相较于激进的荣格，弗洛伊德显得平和了许多，他似乎心灰意冷，不愿与自己昔日的门生“短兵相见”。直到会议结束后，弗洛伊德才发起了反击，他写了一篇驳斥荣格的文章，他的其他门生也开始纷纷向荣格发难，这些人散布谣言说“荣格可能患了精神分裂症”，因而直接使荣格的临床实践受到影响，并使他失去了一些学生的信任。

敌对已经不可避免，1913 年 10 月，荣格辞去了学会主席的职务。弗洛伊德对此事的评论是：“我们终于同他们分道扬镳。”他公开批评荣格：“他的精力只全部倾注于发展他自己的兴趣和维护自己的私利上。”弗洛伊德还在给朋友的信中说：“卑鄙的信徒终于滚蛋了。”

决裂不可避免

弗洛伊德与荣格决裂之后，外界对他们决裂的原因猜测纷纷。流传出了许多说法，最吸引人眼球的一种说法是：弗洛伊德和荣格同时爱上了他们共同的女病人——萨宾娜·斯皮勒林，萨宾娜·斯皮勒林是一个美艳无比的绝色佳人，在为她治疗心理症的过程中，荣格和弗洛伊德深受启发；而萨宾娜·斯皮勒林从灵魂深处启发了这两个当代心理学领域的巨擘。但是这三个人之间剪不断、理还乱的关系却让荣格最终在精神和学术上和自己的老师分道扬镳。

他们三个人的故事，最后还被拍成了一部片名为《危险方法》的电影，广为流传。但是，如果将荣格与弗洛伊德的决裂仅仅归结于“感情的纠葛”，未免也太过肤浅。更何况，这个故事的真实度也值得怀疑。关于弗洛伊德与荣格决裂的真实原因，其实很难用几句话说明白，具体来说，可能有以下几个方面的因素。

首先，最为重要的因素就是他们的思想存在严重的分歧。分歧的焦点集中于对性的态度上，这也是我们之前多次的提到的：荣格认为“性”对于人类心理的推动作用没有弗洛伊德所说的那么大——在弗洛伊德的理论中，性几乎是一切心理问题产生的根源。

第二个思想的分歧源于荣格对弗洛伊德不能完全接受弗洛伊德关于“我”的理论。

在弗洛伊德的理论中，人格可分为三部分：本我、自我与超我。这三个“我”交互作用，从而产生各种行为和思想。本我要求自我满足其欲望，超我则要求自我将欲望压抑下去，自我则调和两方面，依照现实环境，采取适当措施。

在荣格的理论中，也存在“我”的概念，但是却与弗洛伊德的理论大相径庭。

荣格的“本我”，指的是内在的自我整合的力量。在荣格的理论中，道德、智慧和欲望并不是三个独立存在的因素，而是一个整体。

弗洛伊德的理论最终指向的结果是：“人是被欲望所驱使的，智慧是满足欲望的手段，而道德则限制了人不分场合的达成欲望。但归根结底，欲望是一切行动的根本原因。”在荣格的理论中，欲望、智慧和道德的等级是相同的，他们三个互相作用，形成了富有“个性”的人格。这一点又和弗洛伊德不同。

对于科学家而言，思想的分歧有时候是难以消除的。所以弗洛伊德与荣格的决裂，可以视作是必然。

当然，出了思想的分歧之后，性格的差异也是他们两个人决裂的主要原因。在两人的关系中，弗洛伊德以家长或领导者的角色自居，一开始，荣格还能接受这种关系。但是在荣格的性格中，独立和好强是两个最为基本的因素。这就注定荣格不会久居人下。

当然，荣格之所以逐渐摆脱了对弗洛伊德的极度崇拜，还有一些其他的原因。荣格曾经对别人说起过：造成他与弗洛伊德关系恶化的一个重要原因是他无意间知道了弗洛伊德与妻子、妻妹之间的“三角关系”。在自己回忆录中，荣格讲述了这样一件事情：

当我和我年轻活泼的妻子到达维也纳时（指荣格应弗洛伊德邀请第二次去维也纳做客），弗洛伊德来旅馆看望我们，他买了一束花送给我的妻子。他尽量让自己显得考虑的非常周到，甚至这样对我说：“遗憾的是，我不能真正做到让你完全感受到宾至如归的感觉，我家里除了年老的妻子之外什么也没有。”我妻子听到这句话之后，感到有些尴尬。那天晚上，在弗洛伊德家中吃饭的时候，我试图与弗洛伊德的妻子谈谈精神分析和弗洛伊德所做的工作，但是我发现，弗洛伊德夫人对弗洛伊德正在从事的事业几乎一无所知。

由此，荣格认为弗洛伊德与妻子之间的关系非常“肤浅”。当荣格遇到弗洛伊德的妻妹之后，发现这个姑娘不仅年轻漂亮，而对弗洛伊德正在从事的工作非常了解。由此，荣格认为，弗洛伊德与妻妹的关系更“贴近”。

弗洛伊德与妻妹之间的暧昧关系，在历史上是一桩难以解释的“公案”。历来有人说，弗洛伊德与他妻子的妹妹明娜之间，有说不清道不明的暧昧关系。这种说法的依据就是“他们走的很近。”

弗洛伊德与妻妹明娜确实走得很近。1896 年，明娜的未婚夫去世，她便搬到了姐姐家，与弗洛伊德一家一起生活。明娜机灵、开朗而且风趣幽默，是全家人的开心果。弗洛伊德与明娜相处得很融洽，在妻子玛莎无法分身的时候，他们甚至会结伴去旅行度假。于是，各种传言便产生了，有人说他们两个是情人关系。

关于他们之间的关系，还有人编出了这样一个故事。故事中说，弗洛伊德与妻子玛莎第一次相逢是在弗洛伊德当时工作的医院中。而且玛莎对弗洛伊德一见倾心，开始主动追求弗洛伊德。但当时弗洛伊德喜欢的人，恰恰是玛莎的妹妹明娜。

不久后，玛莎邀请弗洛伊德到自己家做客。来到玛莎家后，弗洛伊德看到明娜身边有一位英俊帅气的青年，他的心在一瞬间变得冰凉。

在吃饭的时候，弗洛伊德得知这位英俊青年是米娜的未婚夫，而且是一位伯爵，这让当时还一文不名的弗洛伊德感到自卑。

落寞的弗洛伊德走到客厅的钢琴前，弹奏了一曲舒伯特的《美丽的磨坊姑娘》。这曲子描写了一个凄美的爱情故事：青年人爱上了磨坊主美丽的女儿，他在树皮上刻下了姑娘的名字，然而，森林中的猎人夺得了姑娘的爱情，失恋的青年跳进了溪水的怀抱里。弗洛伊德抬头，看到米娜倚在窗前，不禁深深地叹息……后来，弗洛伊德追求明娜不成，才转而追求玛莎。

事实上，没有任何证据表明这个故事的真实性，也没有证据可以表明弗洛伊德和明娜的关系是不正常。那些流言蜚语大多来自于猜测，但是由于弗洛伊德与明娜确实走的很近，所以相信的人很多，包括荣格。

荣格认为弗洛伊德在道德上存在“瑕疵”，因此动摇了弗洛伊德在他心目中完美的形象。在他们的关系中，完美的形象对于弗洛伊德权威地位的维持非常重要。当弗洛伊德权威不在的时候，荣格的“背叛”就不可避免了。

弗洛伊德的性格是荣格出走的另一个原因。弗洛伊德的后辈、精神分析者弗洛姆曾分析过弗洛伊德的心理。他指出，弗洛伊德表面上看起来强势，但是这种强势因为他有着极强的依赖性，他需要朋友的支持、鼓励和赞扬，他需要得到爱和赞许，这种依赖心理让弗洛伊德显得太过敏感——因为怕失去朋友，所以不能容忍朋友任何一点违逆。

弗洛姆指出，弗洛伊德的这种性格，来源于他与父亲不佳的关系。儿童时期，父亲在弗洛伊德心目中是一个英雄般的存在（大部分孩子眼中的父亲都是如此），但是后来发生的一些事情，让父亲的英雄形象彻底崩塌掉了。这些事情我们之前也有所提及，比如“帽子事件”（见第二章第二节）。

父亲的软弱，为弗洛伊德所不齿，因而也激发了他做一个“强人”的愿望。他对于事业的专注和努力，正是出于这种心态。但是，正所谓物极必反，弗洛伊德有时候显得太过要强，甚至到了争强好胜的地步。在弗洛伊德的作品中，讲述了自己的一段经历：

有一次，弗洛伊德坐在火车上，开着窗户。这时过来一个人，不经他同意就重重地关上了窗户。弗洛伊德心生不忿，又重新打开窗户。只见那个人站起身来，气势汹汹的走到弗洛伊德面前，吼道：“犹太佬，你不配坐在这里。”

如果是弗洛伊德的父亲遇到这种局面，肯定是忍气吞声，但是弗洛伊德却不会，他站起身来，与那人对持，一步不让。那人见他态度坚决，只好走开了。

我们很难想象一个科学家、学者，摆出一副要和人动手的架势是什么场面。但弗洛伊德就是这样一个人。他很强势，在任何方面都不会轻易低头。一个丝毫不懂退步的人，自然很难与人保持稳定的关系，发生在弗洛伊德身上的很多事例都证明了这一点，荣格也未能例外。

荣格的崛起

与弗洛伊德决裂后，荣格的日子过得并不太好。此时的他，39 岁，犹如走入一条死胡同。在荣格的自传中，他说自己“开始感到若有所失……这种感觉可以毫不夸大地被认为是……一种心境的茫然和困惑”。荣格承认自己仿佛被悬挂在半空中一样，失去了立足点，荣格的精神受到了极大的冲击，使荣格甚至不能再像以前那样有条有理地讲一次课。

在学术界，荣格也遭受到了前所未有的质疑：“同弗洛伊德决裂以后，我所有的朋友和熟人纷纷同我疏远。我的著作被指责为胡说八道而一文不值。我成了人们难以理解的神秘主义者，如此而已。”在整整 3 年的时间内，荣格陷入“精神的低谷”而到了不能工作的地步。

当年荣格因为支持弗洛伊德得罪了一些学界同仁，现在又得罪了弗洛伊德及他的门生们，所以现在荣格面临如此困境就不难理解了。

那段时间里，荣格异常消沉，甚至对科学书籍也失去了兴趣。1914 年，荣格辞掉了职位，开始了一连串的旅行，在旅途中他开始研究潜意识。

相较于荣格，弗洛伊德的状况就好多了。在这些令人不快的日子里，他还跟以前一样高产。虽然由于战争的缘故（当时第一次世界大战刚刚开始），弗洛伊德的经济情况非常不好，但这对他的学术研究影响不大。他继续通过与病人进行的临床工作来发展自己的心理分析理论，并通过信函和国际会议与同行们交流思想，并不断地通过文章、病案史和著述来丰富自己的心理分析理论。

如果当时的情况继续发展下去的话，结果可能是这样：弗洛伊德还是弗洛伊德，而荣格，则成为了一个背叛弗洛伊德的“负面典型”，在弗洛伊德传记中充当一个无关紧要的配角，一言带过……

但是荣格遏制住了情况向更坏的地步发展，他又重新振作了起来。就像当年依靠自己的意志力从焦虑症中走出来一样，像荣格这样的人，似乎永远不会被彻底击倒。

从 1916 年开始，荣格再次出现在人们的视线中。他为自己的研究结果出版著作或是应邀演讲，在巴黎就自我和潜意识的关系发表了一次讲座。

1921 年，荣格又出版了《心理类型》一书，此书主要的目的在于探讨个人对世界、他人和事物的关系，并讨论了五花八门的意识层面，亦即意识头脑对于世界可能产生的态度。这本书的出版意味着他已经完全脱离了弗洛伊德的理论体系，自成一派了。

此后，又出版了《基督教时代》一书，这本书讨论的主题是宗教和心理学的关系。

到了晚年，荣格隐居于在苏黎士湖旁，在大自然中冥想，试图解释人在自然界中所处的位置。他将神话、宗教、哲学与灵魂等弗洛伊德忽略的问题，引入了分析心理学派中。而他自己，也成为了现代思潮中重要的变革者和推动者之一。此时的荣格，已经超出了心理学家的范畴，成为了一个哲学家。

1961 年 6 月 5 日，生命中的最后一天，他饮下最后一瓶葡萄酒，这位当代思潮中最重要的变革者和推动者，安然地病逝于湖上的家中。

有人说：“历史上，唯有极少数的灵魂拥有宁静的心灵，以洞悉自己的黑暗。而开创分析心理学的大师荣格，便是这少数之一。”这是人们对荣格的褒扬。

不过，无论人们怎样推崇荣格，都避免不了的拿他与弗洛伊德对比。心理学史家墨菲的评论最具代表性，他说：“弗洛伊德与荣格都是负有非常不同使命的先知，弗洛伊德看到的是浩瀚的力量横扫一切，人世也不免罹难，只能略做些敷衍塞责的抗议，然而在荣格看来，有不断扩大的领域容许同那庄严和那神圣的东西进行直接的接触，有一种患者和医生都甘愿接受的鼓励，自由无阻地朝着神秘追求的方向运动。人们或许会这样设想，前者是一位坚定的人物，勇敢地对抗着一个异于宇宙的虽然宏大却凄凉萧瑟的力量，对于这个宇宙，人类只可能提出局部而有限度的防御；而后者却是一位通往极富挑战性的世界的向导，在他看来，对于这个世界，人类是真正与之协调一致的。”

无论是“归附”还是“背叛”，荣格的一生都未能摆脱弗洛伊德这个名字。

分裂

弗洛伊德与荣格的决裂，并不是一个特例。事实上，1910 年之后，弗洛伊德的精神分析学会中，就出现了各种矛盾，也导致了许多分裂。

很明显，早在“精神分析运动”刚刚兴起的时候，就已经埋下了分裂和对立的种子。当年在纽伦堡大会上，阿德勒与斯泰克尔就反对将权力讲给“外国人”荣格。

1911 年，弗洛伊德担心的事情发生了——阿德勒离开了精神分析学会。

阿德勒是弗洛伊德学说的早期追随者，但是后来，他对于弗洛伊德的某些理论产生了怀疑。1908 年，阿德勒就曾经提出过反对的意见。在阿德勒看来，“性”在人格发展中没有那么关键，他认为社会环境对人类心理的影响更大。作为弗洛伊德的追随者中最早研究教育问题的人，阿德勒有此想法并不稀奇。

此外，与弗洛伊德的那种不太关心政治的态度相反，阿德勒对于政治非常热心，甚至可以说是激进。他希望通过教育方面的改革来改造社会。他的妻子是一位俄国妇女，有许多俄国的革命者经常到他家做客。

多方面的不同，让弗洛伊德与阿德勒的矛盾变得不可调和。在弗洛伊德看来，阿德勒会成为自己理论的一个背叛者，因而对其产生了敌意，在写给费伦齐的信中，弗洛伊德轻蔑地称阿德勒为“小弗莱斯”。弗洛伊德还认为，阿德勒的理论同尼采的“追求权力的意志论”毫无差别。

阿德勒虽然曾经是弗洛伊德最坚定的支持者之一，但是这一次，他不愿意在妥协。他强调自己的理论体系的独创性，认为自己已经拥有了独立的学术思想，而这恰恰是弗洛伊德最不能容忍的事情。所以，他们二人在随后不久就公开决裂。

阿德勒与弗洛伊德决裂之后，威廉·斯泰克尔也很快步其后尘。

斯泰克尔也是弗洛伊德的早起追随者之一，但是此人并非心理学家，他只关注精神分析的实际运用。弗洛伊德有一次和其他人谈起斯泰克尔时，说:“他不过是一个吹鼓手而已，但我仍然还是很喜欢他。”

斯泰克尔主要的长处是与人交际，而不是搞科学研究。从性格上讲，此人有些浮夸，所以在学术上没有什么建树。有一次，弗洛伊德问斯泰克尔:“你的文章中为什么有那么多病人?”斯泰克尔毫无愧意地说:“他们都是我想象出来的。”弗洛伊德听了这句话非常不高兴，对这种不负责任的态度深感不满，因此，他建议《精神分析中心杂志》不要刊载斯泰克尔那些胡说八道的文章。

1912 年 5 月，斯泰克尔同另一位学者产生了争吵，弗洛德伊对此非常厌恶，他认为那位学者毕竟是有真才实学的，而斯泰克尔是在强词夺理。

从斯泰克尔的角度来看，他认为自己在精神分析学会中的地位已经仅次于弗洛伊德了，所以表现的有些目中无人。而且，在学术上并不擅长的他，甚至开始觉得自己在某些学术问题上比弗洛伊德更加有权威，他经常说的一句话就是:“站在巨人肩上的一个侏儒可以看到远比巨人广阔得多的视野。”言下之意就是，你弗洛伊德是个巨人，可我比你看得更远。弗洛伊德听说了这句话之后，很严肃地说:“可能是这样，但呆在天文学家头上的虱子并不这样。”

到后来，斯泰克尔的狂妄自大发展到这样的程度：他竟写信通知出版商停止出版《中心杂志》。这种越权的行为彻底激怒了弗洛伊德，决裂就成为势在必行的事情。

1912 年 11 月 6 日，斯泰克尔宣布退出维也纳精神分析学会。弗洛伊德为此写信给阿伯拉罕说："我很高兴，斯泰克尔终于自己走自己的路。……他是一个很不可靠的人。"

同阿德勒与斯泰克尔的决裂在弗洛伊德的精神分析学理论发展史上也属于重要事件，这暴露出了精神分析学会的一些问题，同时也说明了另一件事情——弗洛伊德的理论并不那么容易让人接受。短短的几年中，精神分析学这门科学的领域内产生了同弗洛伊德原有观点不同的、有鲜明特征的不同观点。在科学史上，像精神分析学这样刚刚建立不久就产生不同学派的事情是很少见的。这种现象让弗洛伊德感到失望。

第七章

战争中的弗洛伊德

洞悉了人类心理所有秘密的弗洛伊德，却始终没能搞明白战争为什么会爆发。在他的晚年，第一次世界大战爆发。而一生辉煌的弗洛伊德，在战争中就如同是一片飘零的叶子，无法主宰自己的命运。但即便在这样的情况下，他还是做出了一些惊人的事情……

战争

在弗洛伊德与荣格等人闹决裂的那几年中，一些国家与国家之间也在闹“决裂”。

1912 年到 1913 年之间，巴尔干地区爆发了两次战争。俄国和奥匈帝国在这一地区耀武扬威，侵占了其他一些小国的领土。而欧洲其他国家则也是虎视眈眈，准备争夺这些地盘……

弗洛伊德对国际局势的发展非常关注，一开始，他对于各个国家争夺领土的做法非常不满意。1912 年，弗洛伊德在给朋友的一封信中谴责各大国的争夺，称当时为“可恨的时代”。当时弗洛伊德可能没有意识到，一次人类历史上空前规模的战争就要爆发。

1914 年，著名的“萨拉热窝事件”终于点燃了战争的导火索，第一次世界大战由此爆发。

当听到战争的消息后，弗洛伊德感到非常震惊。但是他很快就恢复到了冷静中，因为他认为战争离自己很远，没必要为此操心，还是专心研究理论问题。

弗洛伊德“战争离自己很远”的观念，从当时来看是对的，因为战火不会波及到他的生活。但是从长远来看，这次战争，给弗洛伊德带来的影响可谓巨大。当然，这是后话。

战争开始后，弗洛伊德还在坚持指导两份杂志《精神分析杂志》和《意象》

的出版工作。同时，

第二年春，他又发表了《本能及其变迁》、《论压抑》、《对梦的理论的超心理学的补充》、《悲伤与忧郁症》等一系列论著。而且，这些论文仅仅是他这段时间的一部分作品，还有7篇论著写出来之后被弗洛伊德烧毁了，因为他不满这些文章的质量。

弗洛伊德之所以如此高产，是因为战争的爆发导致来找他看病的人越来越少。他因此获得了一生中最为闲暇的一段时光。

当然，弗洛伊德不可能让自己无所事事，在这段比较闲的日子，他不仅努力地写作，还绞尽脑汁地思考各种问题。

弗洛伊德当时给维也纳大学的学生们讲《精神分析学导引》的课程。他的学生中，有一位叫洛·安德利斯·沙洛姆的女学生。

沙洛姆有一种特殊的能力——善于发现伟大的人物，她的朋友包括俄国作家屠格涅夫、托尔斯泰，瑞典剧作家斯特林贝格，奥地利诗人李尔克，奥地利剧作家斯尼兹尔和法国雕塑家罗丹等人。在战争开始之前，她就投入到了弗洛伊德门下。

沙洛姆曾经说，弗洛伊德和尼采，分别是20世纪和19世纪最伟大的人物。这让弗洛伊德感到非常高兴。

大战爆发后，弗洛伊德一直与沙洛姆保持着联络。沙洛姆在致弗洛伊德的信中表示，人类的未来是乐观的。弗洛伊德则在给她的回信中说："人类将战胜这场战争，但我确实认识到我和我的同代人将再也不会看到一个快乐的世界。一切都是令人讨厌的……"

弗洛伊德的悲观情绪，一方面来自于对局势的失望，另一方面也可能是因为对荣格等人的分裂运动感到愤慨。所以，他对形势的看法越来越悲观。

1914年，弗洛伊德在著作《论精神分析运动史》中严厉地批评了荣格的观点。在大战爆发期间，他集中精力深入研究潜意识及其他有关人类精神生活的重大课题。通过这些不停地著述活动，他试图进一步加强自己的理论阵地。

1915年，奥地利著名的象征主义诗人李尔克来拜访弗洛伊德。当时，李尔克40岁，弗洛伊德则已经快60了。

李尔克与弗洛伊德探讨了一些问题，并发现，这位伟大的心理学家对文学方面有着很深的理解，这让他对弗洛伊德敬佩不已。

1916年刚到，弗洛伊德就在给朋友的信中说："关于战争，很难说到什么。没有人知道，以后会发生什么、会导致什么以及会延续到多久。……这里的消耗是很严重的，而且即使在德国也不再存在牢靠的乐观前景。"对于战争，他依旧持悲观态度。

最让弗洛伊德揪心的是他的3个儿子，战争开始后，他的儿子们便被征兵，而且都派到了意大利前线。大儿子已经成了中尉，而小儿子是准尉，另一个儿子奥利沃则是成了一名工程兵，负责挖隧道。

3个儿子都身处于危险地带，弗洛伊德放心不下，他每天都会读4份报纸，密切的关注前线的战况，希望孩子们有朝一日可以平安归来。

随着战争的继续，大城市里的粮食供应也成了问题。在这一时期弗洛伊德写给朋友的信中，曾经多次提到一家人面临着"吃了上顿没下顿"的窘境。所以，弗洛伊德的60岁生日是在无比凄苦的条件下度过的——既没有儿子们的陪伴，也没有充足的食物。

1917年，弗洛伊德的境况愈加困难。除了物质短缺、粮食不足、经济上更加紧张之外，他还患上了严重的风湿病。写字的时候，手不停地颤抖着。但弗洛伊德却坚持写作，他说："我的精神并没有受到动摇。……这就表明，一个人的精神生活是多么重要啊！"

1917年夏天，弗洛伊德来到措尔巴多山区度假，一起去的还有几位他的得意门生。他们一起讨论学术问题，并发表对战争的看法，度过了一段比较快乐的时光。

癌症

1917 年底，弗洛伊德的下颚癌的最初征候开始表现出来。

这种病最大的忌讳就是抽烟，但是对于每天要抽十几根雪茄的人来讲，戒烟很难。弗洛伊德害怕死亡，当时他的母亲还健在，他不希望自己死在母亲前头，让母亲伤心。但是他又无法戒掉自己的烟瘾，这让弗洛伊德非常痛苦。

他的下颚经常颤抖，而且不时地发痛。弗洛伊德逐渐开始担心，他会在他母亲去世前死去，而这将给他的老母一个不堪忍受的打击。一想到这，他就更加忧虑。

1918 年 8 月，战场之上，英、美、法三国军队突破了德国的“兴登堡防线”，这意味着战争要以德国的失败而告终了。

随着战争接近尾声，社会的动荡也逐渐平息，中断了 3 年的“国际精神分析学会”再次召开。回忆起这次会议，弗洛伊德说:“在德国完全崩溃之前，最后一次集会在 1918 年于布达佩斯举行。那时中欧同盟国曾经派官方代表来参加这次大会，他们赞同建立一些精神分析站，为那些参与过战争的士兵看病。但是这个目标一直都没有实现。同样的，我们的主要会员安东•弗伦德曾经构思了一套周密的计划，要在布达佩斯设立一个精神分析研究与治疗中心，但也因为当时政治形势不容许，加上弗伦德本人的英年早逝而无法实现。此外，在布尔什维克统治匈牙利时期，费仑茨也以官方正式承认的精神分析专家的身份在布达佩斯大学开设精神分析课。”

费仑茨之所以能以官方身份参加大会，是因为在战争期间许多士兵出现了心理问题，政府需要找到解决这一问题的方法。

在这次大会上，费仑茨被推举为主席，这使得他在学术界的地位大大提高。仅仅数月之后，布达佩斯大学就有几千位学生要求政府委派费仑茨到大学开设精神分析课。

1918 年 11 月，第一次大战终于结束了。而弗洛伊德，则站在自己的家门前日夜期盼着孩子们的归来。此时此刻，他再也不是什么高高在上的学界领袖，而仅仅是一位老父亲。

弗洛伊德一连等了几个星期，他的儿子们还是没有回家。直到 12 月 3 日，他才终于收到大儿子的信，原来，大儿子的军队在撤退时被意大利民兵包围，在混乱中身负枪伤，被送到意大利医院治疗。

虽然不能马上见到儿子，但听说儿子没事，弗洛伊德也就放心了。

战争结束后不久，弗洛伊德就出版了《精神分析短论集》第四卷。要知道，当时由于战争破坏了工业，所以纸张非常匮乏，大部分图书的出版都陷入了停滞。而弗洛伊德的作品能在这个时候出版，则证明了他的受欢迎程度。紧接着，他又出版了《处女之谜——一种禁忌》、《一个神经质儿童的故事》、《恶心的东西》和《孩子挨打》等作品。

学术上的成功并未弥补弗洛伊德一家人生活上的困顿。他诊所的患者很少，收入有限。女儿和女婿也都找不到工作。1918 年冬天，天气出奇的寒冷，可弗洛伊德却没钱买燃料，所以不得不在零下十多度的房间里等待着病人上门，寒冷迫使他在屋子里还穿着大衣和皮手套。即便如此，弗洛伊德每天晚上依然坚持写作。

实在没钱，弗洛伊德只好借钱度日。这对于一贯高傲的他而言，简直是一种屈辱，在给门生钟斯的信中，弗洛伊德说:“我简直不堪回首那最暗淡的日子……我知道你的处境也是很困难……遗憾的是，我不能为你提供任何有益的东西……我们正生活在一个很坏的年头里。”

屋漏偏逢连夜雨，1819 年，弗洛伊德的妻子玛莎身患重病。这让弗洛伊德的心情更是陷入了谷底。

这一时期内，唯一值得弗洛伊德高兴的事情就是精神分析运动的广泛发展。

战争给许多人的心理都蒙上了阴影，空虚、苦闷和悲观促使人们更加重视精神分析学，希望通过它来解除精神的苦闷。因此，在战争结束后，精神分析活动在许多国家进入了一个高潮期。学者、政府和普通人都对这门学科产生了兴趣。弗洛伊德在回忆录里说:“欧战虽然摧毁了好多好多的社团组织，但对我们的国际精神分析学会却毫无影响。战后第一次集会在中立国荷兰的海牙举行。东主国荷兰殷勤地接待来自中欧各国的赤贫挨饿的代表们，景况令人感动。我相信这是英、德两国的人在战后的废墟上第一次围桌而坐，共同友善地讨论双方感兴趣的问题。对于战场神经病的观察，终于打开了医学界的眼界，使他们看到了心理因素在神经病中的重要地位。”

正如弗洛伊德所说，这一时期，精神分析学深入人心，渗透到了社会生活的各个领域，人们试图将精神分析法运用在人文学、艺术、社会学、教育学、法学、政治学等领域。而且，在精神分析法向其他领域渗透的同时，也接受了其他学术思想的影响，完善了它自身。

作为精神分析的“掌门人“，弗洛伊德的责任更加重大了——他要负起在理论上补充、发展、修正精神分析学的重任，还要指导它在各部门的实际应用，总结新的经验。弗洛伊德的研究热情被重新点燃。

电影艺术的影响

1920 年之后，弗洛伊德在国际上的名声越来越大。过去 10 年中，他将精神分析法的应用推广到了各个领域，其中包括电影界。

1925 年 6 月，美国联合电影公司准备拍摄一部历史爱情故事影片，这部影片叙述了一个“直到目前为止最为动人的爱情故事”。

为了让影片中人物的心理变化显得真实可信，著名的电影导演哥尔德文希望可以得到专业人士的指导，他想到了弗洛伊德。

由于不知道弗洛伊德是否对此感兴趣，所以导演首先通过弗洛伊德的好朋友来试探弗洛伊德的态度，但弗洛伊德对此并没有表现出太多的热情。

不久之后，美国联合电影公司又派纽曼先生前来当说客，弗洛伊德对纽曼说:“这部电影将反映出某些与我的学说相互矛盾的事情，所以我不能和他合作。”

一年之后，这部名为《心灵的奥秘》的电影问世了，制作方在宣传的时候居然说，该片的每一个情节都是“由弗洛伊德博士设计的”。弗洛伊德听说了此事后，非常不满。

虽然第一次“触电”的经历并不愉快，但是在以后的日子里，弗洛伊德与电影还是结下了不解之缘。

从 20 世纪 20 年代后期开始，善于追随哲学、文学和美术界新趋势的法国电影界人士开始将精神分析学应用于电影创作。

勒耐·克莱是一位优秀的电影导演，曾经拍过不少超现实主义的短片。其中就包括一些关于梦境的电影，在他的电影中，能看到许多关于潜意识的内容。导演克莱则擅长拍摄一些超现实主义影片。他有一部叫做《意大利草帽》的电影，充满了关于梦的描述。

30年代以后，将精神分析应用于电影导演和创作最为成功的是法国电影界人儒利安·杜维维和若望·韩诺瓦。

杜维维在30年代拍摄了《捞家传》、《红萝卜须》和《一张舞票》等。

《一张舞票》中的最后一个片段是：在一个光线黯淡的病房里，病危的女主角沉浸在回忆中，想起了自己在奢华大厅里跳舞的场景，一切如同梦一样。

除了法国导演之外，英、美两国的导演们也开始试图用精神分析的理论指导电影导演工作，其中希治阁导演所拍摄的《三十九梯》最能体现精神分析的本质，当中有一幕是：一个女人发现了男人的尸体，张开口大声惊呼，但是影片的配音却是一列火车鸣笛的声音，接着，镜头一转，观众又看见一列火车驶进一个山洞。希治阁希望用这种方法加强了恐怖的印象，同时又把观众一直带到下一景去，加快了电影的速度。

靠着电影的力量，弗洛伊德著作中许多专有名词成了人们口中的常用词汇。能够在晚年看到自己的学说如此盛行，弗洛伊德感到非常满足。但是，他自己可能也没有想到，在他去世之后，心理学影片会走向一个更高的高峰，而将其推向巅峰的，是历史上最为著名的导演之一——希区柯克。

希区柯克的著名影片《爱德华大夫》、《发条橙》、《心灵捕手》等电影，具有非常明显精神分析内涵，是对弗洛伊德精神分析法的直接应用。

《爱德华大夫》这部影片可以算做是心理影片最为伟大的作品之一，它是第一部用非常严肃的视角讨论心理分析的影片。希区柯克本人对弗洛伊德的精神分析学非常有兴趣，所以他一直以来希望可以投资拍摄一部以精神分析学为主的影片。在这样的背景下，《爱德华大夫》诞生了。

这部影片问世之初，著名制片人塞尔兹尼克对它评价并不高，认为这部电影不能取得很好的票房，所以放任希区柯克自由发挥而懒得加以干涉，而这恰恰促成了一部伟大作品的诞生。

《爱德华大夫》中，涉及精神分析的场景主要集中在影片的最后部分。在电影中，希区柯克首先以假爱德华（观众并不知道是假的）到医院去任职作为开始，通过一系列的暗喻和特写来暗示观众，这个爱德华非常可能是假的，并且还暗示关注真的爱德华已经被暗杀。而杀人嫌犯极有可能就是这个假爱德华，他是真爱德华的副手。而影片的最后，则通过梦境回忆来来还原了最真实的情况，直至引出真实凶手。

《爱德华大夫》中所有的心理学理论，实际上都是基于弗洛伊德的理论而来的。比如这部电影中所体现出的恋母情结、梦境原理、压抑与释放等等，都是弗洛伊德的观点。通过《爱德华大夫》这部影片，希区柯克尽可能多的展现了他对于弗洛伊德的了解和认同，将冷冰冰的理论变为影像，这实际上可以看做是对于弗洛伊德的致敬。

这部影片的心理学印象，首先是黑白相间的条纹对于派克所主演的假爱德华大夫产生的影响。

由于他在杀害真爱德华大夫时受到了条纹的刺激，所以他日后任何类似的条纹如桌布、床单的时候，都会产生罪恶感。如果用弗洛伊德的理解解释的话，这就是人对于应激所产生的某种防卫机制，可以认为是一种“潜抑作用”，也就是大脑对于他“参与”犯罪的这个过程进行了抑制。而这种抑制，会在某些特定事物的刺激之下反映出来。

在电影中，还出现了许多象征性片段有很多，其中比较典型的就楼梯。

楼梯象征了一个向上的趋势，也象征着高不可攀，甚至还象征着女性的“高潮”，尤其是上行的台阶也可以比喻成对未知的探索或者对未知的焦虑与恐惧。在片子中，第一次出现楼梯是一位女性进入意中人的房间时，经过了长长的楼梯。希区柯克通过楼梯，来表现了女主角内心不断涌动的激情，当然也包含了某种情爱的焦虑，如此细腻的描写体现出了希区柯克对精神分析的全面。另一处出现楼梯的地方是当影片中的主人公知道了真实凶手并进入凶手房间时，也经历了一段长长的楼梯。这里台阶就变成了一种焦虑的象征。

同样具有表现主义“嫁接”效果的，还有关于门的镜头描述。在银幕象征性和表现主义发挥作用的时候，音乐也随之发挥了作用。

在《爱德华大夫》这部电影中，还描叙了许多精彩的梦境，而这些梦境就是对弗洛伊德理论最好的阐释。假爱德华大夫做了这样一个梦。首先他梦到了眼睛，在弗洛伊德的释梦理论中，眼睛可以看作是监视的象征，由于假爱德华大夫犯了不可饶恕的罪孽，所以他害怕被监视，这种心理体现在了他的梦境中。随后他又梦见赌场很多人在打牌，这意味着，他将整件事情看做了一场赌博，体现了他杀害真爱德华时的心理动机，如果用弗洛伊德的理论来解释的话，这就是梦境的置换。随后，在梦境中，他看到有人用大剪刀剪碎眼睛，这可以认为是他希望破除监视的心理，是一种愿望的达成。

整个梦境看似简单，其实背后深藏着希区柯克对于弗洛伊德精神分析学说的深刻理解，真实的梦境大部分是模糊的，无法仔细说明的，但是希区柯克在电影中铸造了一个清晰的梦境，并赋予其心理学意义，因此产生了巨大的艺术魅力。

在希区柯克的电影中，这种超现实的象征手法经常会被用到，这一方面与他早期受到德国表现主义电影的影响有很大关系，而另一方面则与弗洛伊德对他的影响是分不开的。正是由于希区柯克将艺术的表现手法，与科学的心理学理论结合到了一起，他的作品才如此具有魅力。

希区柯克的这部电影，不仅讨论了精神分析学，同样也展示了精神分析治疗的一些手段和方法。比如通过分析一个人的梦境，来解读人内心中最为隐秘的秘密；又比如支持疗法，通过对一个人的心理支持，来达成他扭转心理弱势的目的；还比如自由联想法，在电影中，主人公经常让假爱德华根据黑白条纹去进行联想。影片最后的滑雪情节其实可以看成是一次自由联想，在轻松愉快的情绪下，派克终于想到了自己小时候的一次事故害死了弟弟，通过联想，他也主动纠正小时候的那种罪恶感的来源和错误认知，并为后面的谋杀案找到了可供联想的线索等等。而两人的相爱最开始认定是一种心理咨询里的移情，不过这可以认为其实没有如此，因为一开始还是女主角先爱上男主角的。

这部片子公映以后大众的反应处于两种极端，很多人认为好，也有很多人认为不好。很多心理学人士认为片子第一次将严肃的精神分析学用电影的艺术方式表现了出来；而另一些人则认为，里面的剧情“假、大、空”，缺少理论应有的正确性，太过于唐突和牵强附会。不管如何，这毕竟是一次非常好的尝试，希区柯克将自己的悬念观与弗洛伊德精神分析学完美结合，并在之后的片子中大量应用，这也算是前无古人的创举！

痛苦中诞生的不朽著作

1921年，弗洛伊德的门生为庆祝弗洛伊德65岁寿辰，请维也纳雕刻家保罗·柯尼斯贝格为弗洛伊德雕塑一个半身像。只有伟大的人物才会享受到如此待遇，这意味着“弗洛伊德时代”的开始。

英国外交大臣巴尔佛在耶路撒冷市希伯来大学建校典礼上曾经这样说：“对人类现代思想起着重大影响的，有三个人：柏格森（法国哲学家）、爱因斯坦和弗洛伊德，而这三个人都是犹太人。”这是对弗洛伊德最大的肯定。

弗洛伊德得到了他所想要的一切。从儿时开始，他就力图成为一个“伟大的人物”，现在终于梦想成真。但是，与伟大伴随而来的，是身体上的灾难。从1923年起，潜伏在弗洛伊德体内多年的下颚癌开始显露出“狰狞面目”，他的肉体遭受到了巨大的折磨。

一开始，弗洛伊德并不知道自己身患绝症，他只是发现右颚明显地肿胀起来，但并未想到这是致命的下颚癌的前兆。4个月后，弗洛伊德的下颚的疼痛越来越严重，只有靠止痛药才能制止痛苦。

除了身体上的病痛之外，亲人的离世也给弗洛伊德带来了重大的打击。1923年，弗洛伊德的小外孙、女儿苏菲的第二个儿子海纳勒突然因患肺结核而死去。这个孩子是弗洛伊德所见到的最聪明的孩子，深受他的喜爱，所以孩子的死也给他带来了最深的悲痛。

7月，弗洛伊德写信对朋友说："这种无尽的悲伤已经深深地潜入内心深处，分秒不离地伴随着我的工作。……在我的思想中已经激不起智慧的火花，我已经很久没写一行字。……海纳勒之死给我一次不可言状的打击。在这之后，我再也不对任何新鲜的事物感兴趣。"

幸好，这种消沉的状态并未持续太久。不久之后，弗洛伊德在给朋友的信中说："海纳勒之死给我的沉重打击已经转化成为巨大的动力，促使我除了发展科学的雄心以外再也不对其他事物感兴趣——我对其他的一切都麻木了，心中唯有一个信念：努力啊，努力，在自己的有生之年，非要达到自己的目标不可。"

正是在这样的大背景下，不朽名著《本我与自我》诞生了。

作为弗洛伊德最为重要的后期作品，《本我与自我》一书已经超越了心理学的范畴，上升到了哲学的高度。在这本书中，他揭示了人内心世界最深处的秘密。

弗洛伊德将人的精神世界分为意识与无意识，这也是他精神分析的前提所在。

意识很好理解，就是指那些能被我们自己捕捉到的思想。你的悲伤、你的快乐，都是你能感觉到的东西，那便是意识。无意识也能理解为潜意识，指的是那些无法被我们捕捉的思想。比如，内心深处被压抑而无从意识到的欲望，莫名的恐惧等。无意识又有三种情况：第一种是确实没有意识到，如视而不见，听而未闻；第二种是曾有所意识但没有与别的意识片段联系起来，转瞬即逝的思想便是这一种；第三种是在复杂的心理活动中，没有被重视到的思想。

大多数的无意识来源于本能，例如，人天生就害怕蛇。一个人从未见过蛇，也不知道蛇有什么危害，但是在第一次看见蛇的时候他会心生恐惧。

这个恐惧是意识，但至于为什么恐惧？那就是无意识了。在弗洛伊德看来，无意识大多是被压抑的意识，即被压抑的东西是无意识的原型。

无意识也可以分为两种，第一种是能变成意识。比如说对蛇的恐惧，我们一开始不知道为什么恐惧，这是无意识。但是等我们了解了蛇的危害之后，就了解了恐惧的来源，丁是变成了意识。弗洛伊德又把这种能够变成意识的无意识，称之为前意识（注意：是前意识，而非潜意识）。还有一种无意识是不能变成意识的。比如说“直觉”，有些人在做某些事情的时候，会有莫名其妙的“直觉”，但是若让他解释这种直觉是哪来的？他解释不清楚。这就是不能变成意识的“无意识”。

弗洛伊德的理论，把人类的心理“变”成了一座冰山——露在水面的是很小的一部分，大部分处于水下，被隐藏起来。它们隐藏的是如此之深，甚至连“心理”的主人也不能发现。

对于弗洛伊德而言，这“隐藏起来的大部分”是非常关键的，因为他决定了一个人的思想和行为。这就如同是，那个只看见冰山顶部的人永远不可能知道冰山的真正面貌。只有“下潜”到水底，去看看隐藏在水下那部分，才可能搞明白冰山到底是怎么回事儿。一个心理学家，如果想要明细人类心理的全貌，也就必须要去探索“无意识”的秘密。

在弗洛伊德看来，无意识其实是一种“残存的意识”。就拿对蛇的恐惧来说，我们不知道蛇的危害但仍会恐惧蛇，是因为我们的先辈们被蛇“深深的伤害”过，一代又一代的人都对蛇产生过恐惧，然后这种恐惧通过基因植根于我们的大脑。说到底，“对于蛇莫名恐惧”这种“无意识”，还是来源于意识，只不过是一种残存的、不能被回想的意识罢了。

除了蛇的案例之外，电影《爱德华大夫》中的一个案例也能够很好的证明“无意识是残存的意识”。这部电影中的一个人害怕“平行线”，这是一种难以理解的现象，他自己在很长时间都不能解释为什么在自己“无意识中会如此惧怕平行线。事实上，这与他儿时的经历有关：他曾经无意中把自己两岁的弟弟从一个台阶上推下去，结果害死了弟弟。这件事给他带来了无尽的悲痛和内疚。而平行线由于像极了台阶，所以他开始恐惧平行线。在这个故事中，害怕平行线是一种无意识。而这种无意识起源就是关于童年时的一段悲剧，也许他在害怕平行线的时候并没有想到这段悲剧，但是这段悲剧却始终深深地潜藏在他的心底，对他造成了影响，这就是“意识的残存”。

弗洛伊德做的事情，就是找到每一个“意识的残存”，把不合理的无意识转化成合理的意识。

退隐之心

在理论达到了巅峰之后，弗洛伊德希望能够让精神分析学会的规模更加壮大。

在组织上，他一方面扩大精神分析学会“委员会”的名额，另一方面扩大国际分析学会的规模。

1924 年 4 月，在萨尔斯堡召开了第八次国际精神分析学会大会，阿伯拉罕被选为会长。当时，学会中的成员之间并不十分团结，弗洛伊德本想借这次机会号召大家加强团结，但他最终由于身患感冒而未能参加大会。

这一年，精神分析学会进入到了一个快速发展的时期，欧美各国的

“精神分析训练研究中心”纷纷建立，柏林、维也纳、伦敦和纽约都有学会的分布。

第二年，国际精神分析学会在洪堡召开第九次大会。在这次会议上，弗洛伊德的小女儿、他的孩子中唯一继承了他衣钵的安娜代表他发表论文——《论两性解剖学上的差异所产生的心理后果》。

同年年底，阿伯拉罕患肺癌死去。虽然最后的几年中，阿伯拉罕与弗洛伊德并不十分融洽，但是对于这个朋友，弗洛伊德始终心存感激，他也非常珍惜他同阿伯拉罕的友谊。

在为阿伯拉罕所写的悼文中，弗洛伊德引用了古罗马诗人贺拉斯的一句诗文:“一位终生昂然挺立而又纯洁的人。”这是阿伯拉罕获得的最高赞誉。弗洛伊德时候写给他的另一位朋友说:“夸大一个人的死，是我所不肯做的事，我尽力避免这样做。但我认为上述引文对阿伯拉罕来说是很切实的。”

阿伯拉罕死前还担任着精神分析学会会长的职务，他死后，由艾丁根继任国际精神分析学会会长，弗洛伊德的女儿安娜担任学会秘书。

1925 年，弗洛伊德发表了自传。他的自传与其说是一部传记，倒不如说是一本理论性著作的延续，这本书概括地总结了精神分析学的发生和发展的历史，突出了精神分析理论体系的中心问题，在学术上和理论上具有重要的价值。

到了 1926 年，弗洛伊德的下颚癌开始恶化，更为不幸的是，他还患上了心绞痛的毛病。这两个病都和他抽烟的习惯有关系。为了让自己的身体好起来，弗洛伊德每天早晨坚持到郊外散步。

1926 年弗洛伊德 70 岁了，在他的寿辰上，来了许多社会名流为他祝寿。报纸上也在这一天刊登了许多赞扬弗洛伊德的报道。与此相反，维也纳的官方学术和研究机关——维也纳大学、奥地利科学院和奥地利医学会却对弗洛伊德的 70 岁寿辰保持沉默。之所以如此，是因为当时奥地利和德国官方的反犹势力非常猖獗。

对于官方的沉默，弗洛伊德非但不懊恼，反而感到很高兴。他对身边的人说："我不认为他们的任何祝贺是真诚的，所以不祝贺更好。"

弗洛伊德生日后不久，他的几个门生就捐献给他 4200 马克的基金。弗洛伊德这笔钱的 4/5 又交给了国际精神分析出版社，剩下的 1/5 交给维也纳精神分析诊疗所。

后来，弗洛伊德写信感谢那些给自己捐献的门生。在心中，弗洛伊德表达出了"退隐"的意愿，他说："从今以后，必须全靠年轻一代来发展精神分析的科学事业。……未来的道路不会是平坦的；精神分析学的每一步进展都是在克服重重障碍(包括人为的困难在内)之后取得的。"

1926 年的圣诞节，弗洛伊德夫妇来到了柏林。这是自 1923 年《本我与自我》一书出版之后，弗洛伊德第一次旅行。

在柏林，弗洛伊德见到了生活在那里的儿子和孙子，同时，也与另一位伟大的犹太人有了一次会面的机会，这个人就是爱因斯坦。

两人见面时，弗洛伊德 71 岁了，爱因斯坦 48 岁。那时候，弗洛伊德的癌症已经很厉害了，得戴上人造上颚才能开口说话，右耳也几乎聋了。

两位伟人会谈的气氛并非想象中融洽。弗洛伊德是人文科学的宗师，爱因斯坦是自然科学的天才，他们之间缺乏理解，正如弗洛伊德所说："爱因斯坦对心理学的了解，跟我对物理学的了解差不多。"言下之意是，我不了解他的领域，他也不了解我的领域。

在弗洛伊德看来，爱因斯坦虽然伟大，但他是站在巨人的肩膀上取得的成功，而自己则属于"开拓者"的行列。他曾经对同事说："自牛顿以下，他有一堆前人可以效法，而我却要在莽林中独自披荆斩棘，举步维艰。"

虽然这次会面谈不上愉快，但弗洛伊德对爱因斯坦也有很高的评价，他说:“他很乐观、自信，因此我们的谈天是很愉快称心的。”

与爱因斯坦会面后不久，弗洛伊德便离开了柏林，回到了奥地利。

从柏林回到奥地利之后，弗洛伊德开始逐渐地减少自己的工作量，因为他的身体确实大不如前了。他之所以没有完全从工作中脱身，是因为他的经济情况不允许他那样做。

虽然是世界知名的心理学家、心理医生，但弗洛伊德并不是一个有钱人。为了弥补减少工作带来的经济损失，他将诊疗费提高了 1/5。

1927 年，弗洛伊德的健康状况继续恶化。朋友劝他加紧治疗的疾病，并向弗洛伊德推荐维也纳名医马克斯·舒尔。从那时到 1939 年，舒尔一直负责为弗洛伊德治疗疾病，他和弗洛伊德的女儿安娜·弗洛伊德一起，成了弗洛伊德身边最亲近的人。他们的精心治疗和护理，让弗洛伊德的寿命得以延长。

病中的弗洛伊德依旧在坚持写作，如《陀思妥也夫斯基及弑父者》等作品就是在这一时期著就的。

1929 年圣诞节，弗洛伊德已经 75 岁了。与 20 年前相比，弗洛伊德更添从容，他说:“在过去十年内，精神分析学本身的发展历程，已雄辩地证明了精神分析学具有不可动摇的力量;但同时，它又遭到、并将继续遭到严重的阻力。”

第二年，弗洛伊德写出了《文明及其不满》等著作，获得了歌德文学奖。但是这一年，也发生了一件不幸的事情——弗洛伊德的母亲离开了人世。

虽然母亲是在接近百岁高龄的时候离开了这个世界，但是弗洛伊德还是悲痛无比，而且，他的病情也因此加重。这一年的十月，弗洛伊德又一次动手术。由于年纪老了，免疫力太差，这次手术后不久，他又得了支气管肺炎。

1931 年，英国伦敦大学“赫胥黎讲座”邀请弗洛伊德去讲学。赫胥黎是一位著名的人文学家和文学家，弗洛伊德在上学时视其为偶像。自赫胥黎于 1895 年逝世后，伦敦大学每年举办一次“赫胥黎讲座”。这一次他们邀请弗洛伊德来演讲，是对于他一生成就的肯定。但是，此时的弗洛伊德的身体已经不允许他长途跋涉，所以只好谢绝了邀请。

第八章

弗洛伊德最后的时光

谁也没想过大思想家弗洛伊德的人生会与“二战恶魔”希特勒有什么联系，但这种联系确实产生了，而且产生的时间很早。最终，希特勒成为了弗洛伊德的“魔星”，弗洛伊德的后半生，因为这个“魔星”的存在，完全改变了模样……

弗洛伊德与希特勒

如果弗洛伊德能在安稳的世道中安度晚年，或许他可以活的更久，写出更伟大的作品。不幸的事，这种乐观的预期毁在了一个“魔王”手中——希特勒。

如果要说起弗洛伊德与希特勒的渊源，我们需要回到 1913 年的维也纳。

从 1859 年开始，当时还是个孩子的弗洛伊德就随着家人来到了维也纳。他一生大部分时间是在维也纳度过的。

维也纳是整个欧洲最为著名的城市之一，弗洛伊德来到这里的时候，正赶上了维也纳文化发展的全盛时期，音乐、哲学、文学、数学和经济学在这座城市蓬勃发展，百花争艳。

虽然著名，但维也纳的城市规模并不是特别大——不到 200 万人，弗洛伊德和这 200 万人一起生活在这座小城市中。

时间到了 1913 年，也就是弗洛伊德与荣格正式决裂的那一年。在维也纳这座城市中，出现了一个令后人惊讶的现象——几位对历史产生深远影响的人物，居然同时生活在这座小城中——逃亡的革命者斯大林和托洛茨基、默默无闻的“艺术家”希特勒、年轻的工人铁托、知名精神分析学家弗洛伊德……这些人物当时可能互不相识，可能曾经在大街上擦肩而过也未曾引起对方的注意，但是在若干年后，他们的命运将被牢牢地联系到一起。希特勒与弗洛伊德便是如此。

1913年，维也纳人已习惯了住在霍夫堡宫的约瑟夫皇帝对整个国家的统治。约瑟夫皇帝当时83岁，统治庞大的奥匈帝国已有65年。奥匈帝国是一个庞大的国家，版图包括现在的奥地利、匈牙利、捷克、斯洛伐克、斯洛文尼亚等国以及意大利、波兰、罗马尼亚的一些地区。

但是，拥有5000万人口的奥匈帝国已经逐渐衰落，虽然表面上依旧繁荣，但党派之争和民族问题正在将帝国推向深渊。

在奥匈帝国的首都维也纳，住着大约20万犹太人，大约占到了维也纳人口总数的1/10。犹太人为维也纳艺术和文化的发展贡献了巨大的力量，但是却得不到他人的认可，他们中间有些人试图联合其他犹太人反抗社会的压迫。弗洛伊德居住的伯格大街19号第5公寓对面，就住着一位犹太复国运动的倡导者赫茨尔。

除了犹太人，一直是弱势群体的妇女们也开始行动起来，寻求自身解放。尽管投身妇女运动的原因各不相同，她们都以一种类似于宗教信仰的热忱献身于事业中。

著名的维也纳咖啡屋更是风起云涌。文学家在此写出传世名著、艺术家寻找灵感、哲学家传播思想、建筑家则规划着“重建世界”、革命家来这里流亡、交友……

此时的维也纳，可以说是“火花四射”，任何一颗火星落在草垛里，都会点燃熊熊的火焰。

但是此时的希特勒，却是心如死灰。他原本想学绘画，但是却两度被维也纳艺术学院拒绝，只好流落街头，以卖画为生。

在希特勒眼中，维也纳根本算不上德意志民族的城市，斯拉夫人、波希米亚人以及犹太人在这里大行其道。他认为，这些人抢走了本该属于他的东西。

1914 年，第一次世界大战爆发了，希特勒没有参加奥匈帝国的军队，而是加入到了德国军队中，成了一个德国兵。

在军队中，希特勒表现优异，先后参与了第一次伊普雷斯战役、索姆河战役、阿拉斯战役与巴斯青达战役。1917 年，他因作战勇敢获得“一级铁十字勋章”和“二级铁十字勋章”，前途光明。

到此为止，还不能看出希特勒和弗洛伊德这两个人能有什么交集。一个是年轻有为的职业军队，一个是大名鼎鼎的学者，风牛马不相及。但是，之后的情况发生了根本性的改变。

1919 年，希特勒参加了当时只有 20 多名成员、默默无闻的国家社会主义工人党。

1920 年 3 月 31 日，希特勒被解除军职，他领了 50 马克的复员费、一身军装、一件大衣和一些内衣。从此以后，希特勒便把全部精力都投到了政治工作中去了。

1923 年，34 岁的希特勒组织了啤酒馆暴动，旋即被警察荡平。

1929 年 10 月，从美国华尔街开始的经济恐慌迅速蔓延，导致了一场世界性经济危机。德国经济深受其害，企业倒闭，产销萧条，失业人数直线上升，最高时达 600 万。这给希特勒和他的党派带来了一个机会，他们称经济危机是“政府无能”的一个佐证，然后利用民众对政府的不满情绪，拉拢人心，壮大自己的势力，并谋求政治上的权力。

希特勒成功了，通过一系列的权谋手段，他终于成为了德国总理。这一刻，他与弗洛伊德之间的恩恩怨怨便开始了。

希特勒讨厌犹太人，尤其是讨厌像弗洛伊德这样的犹太人。在希特勒眼中，犹太人属于“劣等民族”，他不能容忍犹太人中出现像弗洛伊德这样伟大的思想家，更不能容忍他们的理论被广泛的传播。所以，自从希特勒上台之后，便开始疯狂地迫害犹太人，向科学和文明宣战。

奥地利离德国很近，况且希特勒一直想要吞并奥地利。所以他上台之后，许多奥地利犹太人离开了自己的国家。但弗洛伊德没走，他显得非常镇定，在给朋友的信中，弗洛伊德说:“人们担心德国的种族主义狂热会波及到我们这个小小的国家，已经有人劝我逃往瑞士，但那是毫无意义的。我不相信这里有危险。如果他们把我杀了，那也好。这不过是和平凡的死去一样，没有什么了不起。但很可能这仅仅是一种夸张的说法。”

1933 年 5 月，希特勒开始对弗洛伊德“下手”。在德国，他将弗洛伊德的书列入“禁书”行列，并在公开场合焚烧了所有的弗洛伊德的著作。闻此消息，弗洛伊德愤怒了，他公开说:“这是人做的事吗？在中世纪的话，他们肯定会烧死我；而现在，他们只好满足于烧毁我的书！”

德国人来了

1934 年，弗洛伊德的学说遭到了法西斯势力严重破坏，精神分析学派中的许多重要成员都离开了欧洲，去往美国。至于德国的精神分析学分会，则被纳粹分子所掌握。原学会主席克列兹美被迫辞职，而代替担任这一职务的，正是荣格。

弗洛伊德的处境越来越艰难，可这远不是最糟糕的情况，更大的灾难还在后面。

1937 年冬天，希特勒在位于贝希特斯加登的住所里会见奥地利总理库尔特•冯•许士尼格。

在穷凶极恶的希特勒面前，一身书生气的许士尼格是秀才遇到兵，有理说不清。希特勒要求他尽快下令，将奥地利纳粹党合法化，在奥地利政府内安插纳粹党人，并在奥地利举行公民投票，以决定奥地利是否完成与伟大德国的“统一”。

一系列的无理要求让许士尼格紧张不安，他想抽支烟来情绪，但是由于希特勒不喜欢别人在自己跟前抽烟，所以这位总理竟然连烟也不敢掏出来。

最后，希特勒以威胁的口吻说道：“你不会真的认为你能阻止我或使我的行动延迟半个小时吧？或许有一天早晨你醒来会发现我们就像春雷一般来到了维也纳。到时候有你好瞧的。我非常希望能够把奥地利从这种命运中拯救出来，因为这意味着要流血牺牲。”

希特勒想要吞并奥地利，因为在他看来，那是德意志人的土地。虽然他自己在奥地利出生，那里是他的家乡，但是他却毫无故乡之情。他进一步威胁说：“我现在就告诉你，许士尼格先生，我已经完全下定决心要结束这一切的混乱。德意志帝国现在是一个强国，如果它想解决自己的领土问题，没有人敢大声说话。”

希特勒已经准备对奥地利下手了。对此，弗洛伊德早有预见，早在1934年，希特勒上台的第二年，弗洛伊德就在给儿子的信中说：“未来的形势尚不明朗———奥地利法西斯主义抑或纳粹党……我们对奥地利面临的这两种政治可能性可以用《罗密欧与朱丽叶》中茂丘西奥的一句话来概括：‘你们两家的厄运来了。’”

1936年，弗洛伊德在给阿诺德·茨威格（德国作家、反战积极分子）的信中说：“奥地利似乎即将成为民族社会主义党的天下，命运似乎与那帮人一起搞阴谋。我毫无遗憾地等待帷幕的拉开。纳粹的侵犯或许无法阻止，我们无法预料其灾难性的后果。我们唯一的希望就是活不到那一天。那时候，从卡伦山派来了援军。这种情况现在不可能发生了……”

1938 年 2 月 20 日，弗洛伊德刚刚做完一次手术，就听到了一个坏消息：希特勒就奥地利问题向德国国会发表讲话，他的演讲在德国和奥地利同时广播。讲话中，希特勒宣称，他在贝希特斯加登迫使许士尼格做出的让步还不够，奥地利继续虐待德国公民。希特勒对德国人说："这令人无法容忍，我们的民族同胞仅仅因为同情德意志民族、渴望整个德意志民族团结统一、认同德意志民族意识形态而饱受折磨；德国是一个有着强烈民族意识的世界大国，无法容忍这种事情的发生。"

作为历史上最善于蛊惑人心的演讲人，希特勒的讲话不仅煽动了德国人，也激发奥地利纳粹分子的斗争情绪，他们出现在奥地利维也纳街头，口中高喊着："胜利万岁！胜利万岁！希特勒万岁！希特勒万岁！"

当时美国记者威廉·夏勒正在奥地利，他回忆当时的情况说："当我穿过格莱本大街时，我看到身穿褐色制服的纳粹党突击队员像潮水一般涌入各个街道，就像巫师们的安息日一样令人不可思议。许多突击队员才从学校里出来，带着子弹带和卡宾枪。突击队员身上另外一个权力标记就是他们带着的十字袖章，他们与警察中的变节者走在一起。而大街上的男男女女尖叫着，歇斯底里地呼喊着他们领袖的名字，与警察拥抱，拽着警察跳舞庆祝人道主义的胜利。一辆辆载着突击队员的卡车呼啸而过，试图压过人们的喧闹声，车上的突击队员紧握着他们早就准备好的武器。男男女女在火把的光亮下跳跃着、呼喊着、舞蹈着。在这种混乱的场面中，不时地传来一阵阵呐喊声：'打倒犹太人！''希特勒万岁！''希特勒万岁！''胜利万岁！''绞死许士尼格！'"

事实上，在闹事的人群中，有一部分是乔装的德国纳粹党卫军，他们趁乱袭击了奥地利总理府，并控制了奥地利的广播电台，向奥地利人宣布：现任政府已经辞职。

弗洛伊德一生大部分时间都生活在维也纳，他对这座城市很有感情，所以，当时维也纳陷入到了不理性的混乱中之后，他仍然不愿意离开。

而在另一边，希特勒已经在准备入侵奥地利。他给奥地利的“保护人”墨索里尼写信，要求墨索里尼允许他随心所欲地对自己的祖国采取行动：“作为德意志帝国的元首和总理，作为这片土地的儿子，我有责任在我的祖国恢复法律秩序，使人们有权以一种明白无误、公开的方式根据自己的判断来决定自己的命运。”

还没等墨索里尼回信，希特勒就召集手下的军官，向他们宣布了入侵计划，他说：“如果其他措施不起作用的话，我决定派武装力量进攻奥地利，以便在奥地利确定立宪条款，阻止对拥护德国领导的奥地利公民再次进行迫害。”

1938 年 3 月 12 日清晨 5 点半，德国军队越过边境，入侵奥地利。当时奥地利已经完全乱了，德国军队没有遇到任何反抗。

流亡

德国人来了，弗洛伊德必须要走了，就像祖先世世代代所走过的流浪道路那样，离乡背井、流离颠沛。

弗洛伊德准备去英国。

德军入侵后不到 5 天，弗洛伊德的门生钟斯为了营救弗洛伊德，就回到了维也纳。在维也纳，他就找到了弗洛伊德的女儿安娜，商量弗洛伊德的去向问题。

安娜首先请钟斯去交涉国际精神分析学出版社的财产处理问题。钟斯出面解决这个问题，为的是给德国人一个印象：出版社的财产是国际性的。

当钟斯到出版社时，德国的武装人员已经将此地完全占领。钟斯看到弗洛伊德的儿子马丁被纳粹逮捕，钟斯刚刚想要开口，德国武装人员居然也宣布钟斯“已被捕”，限制了他的行动。钟斯向纳粹表明了自己的国籍并要求与英国大使馆联系时，纳粹才答应释放他。钟斯从出版社出来以后，马上赶往弗洛伊德的寓所。

在弗洛伊德寓所，钟斯劝说弗洛伊德赶紧离开奥地利。但正如钟斯所担心的那样，弗洛伊德并不愿离开故乡。钟斯对弗洛伊德说：“在这个世界上，你并不是孤立的。你的生命对许多人来说是很珍贵的。”

或许是钟斯的这句话打动了弗洛伊德，他最终决定离开奥地利，前往英国。

说服了弗洛伊德之后，钟斯马上赶往英国，请求英国政府允许弗洛伊德入境，英国政府对此表示欢迎。

为了避免希特勒的纳粹政府阻止弗洛伊德离开奥地利，钟斯又发动了各方面的关系，给纳粹政府施压。最终，纳粹政府终于同意弗洛伊德出境（此事甚至惊动了美国总统罗斯福）。

在弗洛伊德出境前，维也纳精神分析学会召开了最后一次会议，决定让所有的学会成员离开维也纳。

弗洛伊德临走以前，安娜整理了家中的文件，并烧毁了其中一部分。弗洛伊德给在英国生活的儿子写信说：“在这黑暗的日子里，我们的面前只有两件值得高兴的事情——同大家生活在一起和在自由中死去。”

1938 年 6 月 4 日，弗洛伊德离开了维也纳。他在这座城市生活了将近 80 年，如今人到迟暮，却不得不远离故土。此时的弗洛伊德，内心充满了不舍。

到了伦敦之后，弗洛伊德受到了热烈的欢迎，英国的精神分析专家、科学家、犹太人协会的代表都前来看望他，伦敦的报刊也报道了弗洛伊德到来的消息。而与此同时，在大洋彼岸的美国，克利夫兰市也以“全体市民”的名义打来电报，希望弗洛伊德能到美国安家。这让弗洛伊德深切地感受到“在这个世界上，我并不是孤立的。我的生命对许多人来说是很珍贵的”。

虽然在他乡受到了极度的重视，但是弗洛伊德依然心念故土，他写信给奥地利的朋友说:“获得解放的胜利心情是同忧伤交错在一起的，因为我始终热爱着那所我刚刚从那里被释放的监狱（指奥地利）。”

来到伦敦后不久，弗洛伊德的病情又开始恶化，他不得不再一次接受手术。

8 月 1 日，国家精神分析学会第十五届大会（也是弗洛伊德生前的最后一次大会）在巴黎召开，弗洛伊德因病未能参加。

这次大会上产生了剧烈的争论，并在会议上未能达成一致。为了消解矛盾，国际精神分析学会的欧洲委员会的成员们决定去找弗洛伊德，直接听取他的看法。弗洛伊德给出了一个意见，然后其他会员接受了，矛盾也就解决了。这就是领军人物的权威。

于此同时，弗洛伊德继续发挥他的精力，创作了一本关于宗教方面的著作《摩西与一神教》。

事实上，在弗洛伊德人生的最后几年中，对于宗教和文学艺术的研究开始成为了他主要的工作。当然，弗洛伊德研究这些学科的主要目的是“试图以精神分析的方法去解释社会文化现象”，所以归根结底他研究的还是心理学。

对于宗教，弗洛伊德最想搞明白的事情是：宗教是怎么来的？

宗教与人的心理有很大关联，所以弗洛伊德在很早以前就开始研究宗教的起源问题。1912 年，他就已经尝试在《图腾与禁忌》中，应用最新发现的精神分析所见，去探讨宗教和道德的起源。

对于宗教，弗洛伊德整体上持否定态度，认为它并不像信徒所说的那般神圣，只是一个心理发展的产物而已。

在弗洛伊德看来，他少年时的偶像达尔文是用历史观点研究宗教的一个代表人物。当然，作为一个生物方面的专家，达尔文研究宗教的方式也与生物有关——他通过观察高等猿猴的生活习性，得出结论：人类和这些猴子们一样，一开始过着小群体方式的群居生活。在小群体中，那些年龄较大和较强壮的男性担负起预防杂交的责任。这部分男性为了更好的完成“任务”，便创造出了“图腾”，并禁止拥有相同图腾的人结合。

在原始人的概念中，图腾是一种令人敬畏的东西。这种东西最终演变成了宗教。

在研究宗教的过程中，弗洛伊德大量地引用人类学家、《圣经》批判家威廉·罗伯逊·史密斯的研究成果。

威廉·罗伯逊·史密斯，苏格兰人，神学家。1889 年，史密斯在他的《闪族的宗教》一书中提出了一个著名的论点：“图腾餐”的特殊仪式是图腾崇拜的主要部分。弗洛伊德说：“现在，要是我们用精神分析的方法以图腾餐和达尔文对原始社会形态的陈述来对图腾作一深入的探讨，那么，我们就会逐渐深入地了解图腾的本质。”

这或许代表了弗洛伊德的野心——他试图用心理学解释一切问题，甚至包括用来解释一切问题的宗教。

弗洛伊德本人所出身的家庭以及他所生活的社会历史环境，都充斥的宗教的影响。但是，弗洛伊德本人对于宗教似乎并不热衷，他也不认为人的行为是受了神的操控，相反，他认为宗教其实是一种心理活动的产物。

在《日常生活的心理分析》中的第十二章“命定论、机遇和迷信”，弗洛伊德就曾经举例：

1904 年初，他度假回来，去看望一位将近 100 岁高龄的女病人。他给这位女病人治疗多年，工作单调乏味，于是，他心中窜出了一个念头：“这位女士到底还能活多久呢？”

弗洛伊德被自己的念头吓到了，他突然意识到：“自己原来早就不愿意给这位总也治不好的老病人的看病了。”虽然他从未真正这么想过，但是在潜意识中，他确实产生了想法。

弗洛伊德雇了一辆车赶往那位老妇人的家里，谁知道这辆车却在他的指挥下走错了路，来到了另一条外观相似的街道，停在同样的门牌号码前。弗洛伊德认为，这种“偶发行为”也是潜意识的表现——是弗洛伊德心中不太愿意给这位老病人看病的心理的表现。

当时，弗洛伊德心想：“如果我迷信的话，可能会把这件事当成一种预兆，认为是在暗示着老妇人死期将至，历史上大多数所谓的预兆就是由此产生的。”

弗洛伊德又进一步指出：“在我看来，偶然现象是自己潜意识的表现，这是因为我甚至人心的奥秘。但是对于那些不知道、不相信心理学的人而言，他们又会怎样看待类似的问题？当然是归结于神的安排。”

根据这样的看法，弗洛伊德得出结论：由于人们（尤其是古人）不能解释意外是如何产生的，所以便将其归结于“彼岸世界”的神秘力量。因此，所有的迷信思想“都只是投射到外在世界中的人心罢了”。

弗洛伊德分析了迷信最初产生时的样子，他认为，在远古时期，人类的思想刚刚开始认识世界，急切的想要解释自己看到的种种现象，于是，他们塑造出了一个无所不能的形象，这就是神。这种一种最简单的解释世界的方式，因为一旦有什么问题无法解答，就可以说：“这是神干的。”

在《日常生活的心理分析》一书中，弗洛伊德并没有用很大的篇幅来全面探索宗教问题，这个遗憾终于在1912年出版的《图腾与禁忌》得到了弥补。

《图腾与禁忌》研究的内容主要是原始人类的宗教信仰，这本书一共分为四章："乱伦的禁忌"、"禁忌和矛盾感情"、"精灵说、巫术和思想的万能论"及"图腾崇拜现象在孩童时期的重现"。

弗洛伊德分析了玻利尼西亚人（波利尼西亚人是大洋洲东部波利尼西亚群岛的民族集团，在近代仍然保持着比较原始的社会结构）的宗教禁忌之后发现，一方面，宗教的禁忌是一种"崇高的"、"神圣的"；而另一方面，禁忌又是"神秘的"、"危险的"。由此可见，它可能来源于人们对于未知事物的恐惧心理。

弗洛伊德认为，宗教的本质就是"精神麻醉"，人之所以需要这种麻醉，是因为生活在世界上压力太大，所以不愿意承担太多东西，因而，他们将一切事情都归结于神的影响，让神去承担一切，自己则得到了解脱。

当然，人们不可能用宗教来逃避所有的烦恼，他们因此发明出了许多种麻痹自己的方法，比如说药物和心理的压抑机制，其实都属于精神麻醉，它们都有使人逃离现实的作用。

弗洛伊德在《图腾与禁忌》一书中这样说："宗教是某些人狂妄地企图控制知觉世界的徒劳尝试；借着这种尝试，这些人妄图把整个世界置于其中……但它毕竟不能达到这个目的。它的教义具有时代的烙印，那便是人类之愚蠢的儿童时代的印记……但经验告诉我们，世界毕竟不是一个育儿所。"也就是说，随着人类智慧的发展，宗教对于人类社会的影响势必越来越小，而历史的发展也证明了弗洛伊德的这一理论。

弗洛伊德之所以如此热衷于研究宗教，很大程度上是因为他认为"作为一个心理学家，眼看着世界上有那么多人陷于宗教迷信的迷途中，是不堪忍受的"。因此，他对于宗教的研究甚至可以看做是一种披露，他希望人们能够摆脱这种束缚与麻醉，回归到真实理性的世界中来。

对于当时的社会而言，弗洛伊德的所作所为有些大逆不道，从一开始，他就明白自己所要面对的困难，他说："撰写论图腾的著作是一项吃力不讨好的工作。我要读一大堆我本来不感兴趣的厚书，因为我早知道这些书会得出什么样的结论……但通过大量的材料我又轻而易举地论述了这个主题……我把这次写作看作是一次小小的休息。从中我发现了我的新生命，犹如我又一次新婚一样。……自从《梦的解析》以来，我从没有象这本书那样以如此完满的信心来写作过。"

在弗洛伊德看来，《图腾与禁忌》是他"最伟大的和最后的一本好书"。但是在那些信奉宗教的人看来，这本书自然是妖言惑众的"毒舌"。但是对于这一切，弗洛伊德并不在意，因为他一生经历了太多的反对和轻视，早就习以为常了。

集体的意义（一）

在遭受了纳粹打击，不得不离开故乡之后，弗洛伊德心中就一直在想一件事情：为什么睿智冷静的德国人，会在希特勒这个"恶魔"的蛊惑下，变成一群无恶不作的人？作为一个心理学家，他自然不会简单地思考这个问题，而是将这一问题上升到了对"集体主义"的探索上。

弗洛伊德认为，个体心理学和社会或集体的心理学之间的差别看起来很大，其实很小。虽然个体心理学研究的是单个的人，探讨的是个体的人所寻求的满足他的本能冲动的途径。但是，只有在特殊的情况下，研究个体的时候才会不考虑到其他人的存在，所以，在多数情况中，研究个人其实就是研究集体。

人在这世界上，天生会与其他人产生联系——双亲、兄妹、爱人、朋友，也会受到其他的人的影响，虽然能够真正影响人心理发展的仅仅是一小部分人，但是这种影响是非常巨大的。所以，抛开集体去研究个人，是一种不科学的做法。

在弗洛伊德的那个时代，集体心理学还只是处在摇篮时代，但是已经有很多学者给出了不同的答案，没有定论。

在研究集体心理学的学者当中，弗洛伊德比较赞同勒邦的观点。此人写过《集体心理学》一书，弗洛伊德认为这本书“名不虚传”。在书中，勒邦说:“一个心理集体表现出来的最突出的特征是：不论构成这个心理集体的个体是谁，无论这些个人的生活方式、职业、个性、智力是如何不同，他们在组成集体之后，就会受到集体思维的控制。这种集体思维使他们在感情、思维以及行动上会采取一种与他们各自孤身独处时截然不同的方式。”由此可见，勒邦认为，在一个集体中，一个人的个性会被抹杀。对于他的这个理论，弗洛伊德深以为然。

勒邦还认为，人处在集体中的时候，会滋生出一些新的性格，造成这一点的原因有三个：

第一个原因是，作为集体成员的个人，由于相信集体的力量，所以自信心会大大增加。某些时候，这并不是一件好事，因为强大的集体力量会让人对于自己的力量产生错误的估计，更加敢于听从某些本能的要求，不能检点自己的行为。弗洛伊德认为，这可能是导致德国人集体“失去理智”的原因。

第二个原因是感染性影响。在集体中，一个人很容易受到集体性格的感染，它甚至能使一个人欣然地牺牲自己的个人利益而服从集体的利益，这对于个人而言，显然是一种违背天性的思想。

第三个原因是暗示感受性。主要是指集体的领导人会采取某种手段，对集体中的个人施加某种心理暗示。这种是心理上的暗示，最容易造成个人性格的转变。众所周知，希特勒本人就是一个善于蛊惑人心的高手，他的讲演，总能给人以暗示，让人按照他希望的方式去解决问题。

弗洛伊德认为，正是由于个人在集体中会丧失一定的自主性，而集体是非常容易冲动和被激动的，集体意识又常常是不理性的，所以集体会让一个人在文明的阶梯上跌落好几级。一个人孤身独处时可能很有教养，但是在一群人中，他却成了一个完全按照本能行事的人。

在弗洛伊德提出这个理论的时候，“实验心理学”还未发展起来，所以他完全是根据经验得出的结论。直到 80 多年以后，一位心理学家用实验的方式，证明了弗洛伊德理论的正确性。这位心理学家就是津巴多，他的实验名称叫做斯坦福监狱实验。我们现在可以介绍一个这个实验，用以证明弗洛伊德思想的正确性。

1971 年的某一天，这一天对于约翰·韦恩而言，有些不同寻常，因为他穿上了警服，带上了墨镜，准备到一个特殊的“监狱”去担任“狱警”。

约翰·韦恩的真实身份是某大学的一名学生，过着平平常常的大学生活。直到有一天，他看到了一则广告，广告上说：

津巴多教授准备展开一次心理学实验，现招募志愿者。

要求：男性，无入监经历，不吸毒，身体以及心理健康。

酬劳：每日 15 美元。

实验内容：志愿者将在斯坦福大学里的一个临时改造的监狱中，分别扮演狱警和囚犯，高度模拟真实的监狱环境，为期 15 天。

约翰·韦恩对广告上所说的“监狱实验”非常感兴趣，于是就报名参加了志愿者的选拔。

和约翰·韦恩一起报名的还有另外 70 名学生。看来对这个实验感兴趣的人还真是不少。最终，有 24 名学生获得了参加实验的资格。这 24 人中，心理及生理都很健康，都是不折不扣的好人。

最后，24 名志愿者通过随机抽签的方式，被分为两组：9 名志愿者扮演狱警，9 名志愿者扮演被关到监狱的罪犯，其他 6 名志愿者作为候补。约翰·韦恩幸运的当上了“狱警”。

和穿着制服、带着墨镜的“狱警”扮演者们相比，那些扮演囚犯的志愿者，处境可以用“悲惨”来形容。

在实验开始的这一天，一辆警车呼啸而来，停在了“囚犯”扮演者的家门口。紧接着，气势汹汹的警察将他们从房子里揪了出来，给他戴上手铐，塞进警车，而后又呼啸而去。不明就里地围观者，还以为这些人真的犯了什么错呢。

这些囚犯被送到了“斯坦福监狱”。在那里，他们将面对实验开始之后的第一个考验：被脱光衣服，洒上除虱药粉，然后用水管冲洗。

在入监之前脱光衣服检查身体，是发生在每个监狱中的真实事情。从心理学的角度来看，当一个人被迫赤裸裸的站在陌生人面前，他的尊严会受到极大损害，心理防线可能瞬间崩溃。监狱方之所以会这么做，其实就是在暗示：来到这里，你的尊严、隐私，将一文不值，你必须受我们的支配。

赤身检查过后，囚犯们被编上了号码。在监狱的这段时间里，这个号码就是他们每个人的代号，他们没有保留自己姓名的权利。弗洛伊德曾经在《图腾和禁忌》中写道：“名字是人格的重要组成部分，甚至是他灵魂的一部分。”被剥夺了姓名权，事实上也意味着一个人的人格将受到重创，这也属于监狱方对犯人们的一种心理攻势。

从“准备工作”这个阶段来看，“斯坦福监狱”和真正的监狱几乎一模一样。再次之后，实验的“重头戏”即将开始。约翰·韦恩和他的“狱警同事”们，将完全“接管”这群遭受了心理打击的囚犯。

事实上，直到此刻，实验的主人津巴多还认为自己的实验可能是个无聊的实验，其结果可能是：所有人都一板一眼的演戏，没有什么意外、也没有什么发现，两个礼拜之后，实验结束，大家各回各家，继续自己的生活。

虽然津巴多已经尽量去营造一种真实的监狱氛围了，希望能让所有志愿者都进入到自己角色中。不过，在实验刚开始的时候，他发现那些狱警们还是显得太过“业余”。

在被摧残了一番之后，囚犯们的反抗情绪被激发出来，他们模仿电影中的情节，向“狱警”挑衅——撕掉缝制在衣服身上的编号，把自己锁在牢房里，不遵守看守的命令，并取笑看守。

面对这个突发的、意外的情况，约翰·韦恩和他的“狱警同事”们完全不知道该如何应对，他们手忙脚乱、不知所措。

无奈之下，约翰·韦恩只好向“监狱长”，也就是实验的负责人津巴多求助。希望他能出面让这些囚犯消停一点。

津巴多并没有答应约翰·韦恩和他同事的请求，只是告诉他们：“你们现在是狱警，拥有处置这些“犯人”的权力。”

约翰·韦恩和他的“狱警”同事们开始意识到：自己是拥有某种权力的人，所以他们决定依靠手中的权利去镇压囚犯们的反抗。他们脱光囚犯的衣服、对囚犯进行数个小时的禁闭、没收枕头和被褥、取消囚犯的进餐、强迫囚犯用手清洗马桶、进行俯卧撑或者一些没有任何意义的活动而羞辱囚犯、剥夺囚犯的睡眠、半夜把囚犯拉出来清点人数和进行各种屈辱性的活动。

让狱警们没有想到的是，他们镇压并没有能让犯人们屈服，而是进一步加剧了他们的反抗意识。

该怎么办？

集体的意义（二）

此时，约翰·韦恩想出了一个主意：给那些服从管理的“好囚犯”，提供一定的特权，比如更好的牢房和伙食；而对于那些反抗激烈的人，则施加以更严酷的刑罚。

不得不说，约翰·韦恩的这个办法是很高明的。因为如果对所有的犯人一视同仁的话，就等于将他们放到了同一个“战壕里”，从心理学上讲，这时候人群会产生“合力”，犯人们会团结起来“一致对外”。但是如果将犯人区别对待，那么他们之间会彼此猜忌，甚至敌对，“同盟”就会被瓦解。犯人们内部的“斗争”，会削弱他们对外斗争的力量。

到此为止，约翰·韦恩似乎已经开始适应了自己的“狱警”角色。在刚开始对犯人们采取刑罚的时候，他和他的同事们，可能仅仅是为了完成实验“不得已而为之”，但是随着实验的进行，约翰·韦恩和他的同事们已经开始变得主动、积极，甚至“自愿加班”，在夜晚时候接着虐待犯人。

我们可以想象，一开始，这些假扮的狱警在虐待犯人的时候，肯定会有一点点“恻隐之心”，他们也可能会同情那些被虐待的人，因为从心理学的角度来看，同情心，尤其是对同类的同情心，是人的一种天性。可是，随着实验的进行，约翰·韦恩和其他“狱警”对“囚犯”的“同情心”开始逐渐减弱，甚至消失。在实验仅仅进行了24个小时之后，实验人员发现：“狱警们”已经对“虐待犯人”产生了“兴趣”。他们想出更多的可怕招数，施加到犯人们身上。可怕的是，他们开始以此为乐，。

在不知不觉中，约翰•韦恩已经“变坏”了，而他对此一无所知。

对于这个实验的“主人”津巴多来讲，第一天的实验能够取得如此好的效果，是出乎想象的，这个实验似乎越来越有趣了。

“狱警”被“犯人们”残酷地折磨了一天之后，心理上遭到了极大的创伤。一名编号为“8612”的囚犯，是第一天率领囚犯反抗和挑战看守权利的领导者，因此他也在看守们的“反击”中受到了“特别的照顾”。当一系列的惩罚加诸于身后，“8612”的心理已经奔溃，他觉得自己所处的地方，就像“地狱”一样。所以“8612”向津巴多提出要退出这场实验。

按照实验的规定，参与实验的人，随时有权利退出。但是津巴多却认为“8612”是心理上过于软弱，无法承受哪怕是一丁点的压力，毕竟实验只进行了大概一天的时间，怎么可能会那么快就要求退出实验呢？实验还有 13 天的时间啊！

为了留住“8612”，让自己的“监狱”正常运作。津巴多向“8612”承诺：让看守不再折磨他，给他好的待遇。同时他提出一个要求：让“8612”回到监狱做他的眼线，向他提供监狱中的信息，如果同意，津巴多就会尽早“释放 8612”。

“8612”答应了津巴多，重新回到实验当中。但是仅仅又过了 12 个小时之后，“8612”再度崩溃，他又想退出实验。

当时，一个叫做克莱格•哈尼的人，正在作为实验负责人之一轮值夜班。8612 所提出的退出要求，让克莱格•哈尼感到非常为难。照道理说，作为负责人之一，克莱格•哈尼完全有权利“释放”经奔溃的“8612”。但当时他却陷入纠结、难以抉择：是同意还是拒绝？津巴多是他的导师和“老板”，这个时候，如果去征求他的意见，一定会影响他休息。同意？毕竟他只是个二年级的研究生，这个实验花费了大量的心血和资金进行筹备，让“8612”

轻易退出便意味着实验设计受到影响，无疑结果的准确性也成疑问。拒绝？可是眼前的年轻人似乎已经出现了重大的心理问题，如果拒绝了的话，可能会给他造成进一步的、无法估量的伤害。

经过一思想上的斗争之后，克莱格•哈尼决定私自“释放”“8612”。

第二天，津巴多回到了实验室之后，发现质疑“8612”被放走了，有些生气。他质问克莱格•哈尼：为什么同意让“8612”退出实验。克莱格•哈尼解释说：当时“8612”的精神状态极差，已经无法继续实验了。

经过一番讨论之后，津巴多认可了哈尼的决定。同时，在后备名单中，他们挑选了一位学生，让他在当天下午加入实验，填补“8612”的空缺。新来的囚犯编号为“416”。

实验进行到这个地步，作为旁观者，难免会有这样的问题：作为实验的主要负责人，津巴多为什么会违反实验的规则，阻止志愿者退出实验。

这个问题的答案，可能隐藏在津巴多不经意的一个小动作中。在实验进行到第四天的时候，津巴多去监狱参观。在参观的过程中，津巴多的双手始终扣在背后，这是军队领导和国家元首会见下属们经常会做的一个动作，从行为心理学的角度分析：这个动作意味着权利和自信。

津巴多，已经在不知不觉中，把自己当成了实验的监管人。这也意味着：津巴多本人，也成为了实验中的一个“实验品”，他也开始沉迷于自己所扮演的“监狱长”的角色，因而失去了客观性和同情心。

估计任何人都没有想到，这个实验居然能让一个心理学家也陷入其中！实验的影响力和可怕程度，似乎已经超出了预想。

实在不敢想象，如果实验继续进行下去，将会发生什么样的严重后果。而且，就当是的情况来看，所有参与实验的 100 多人，包括工作人员和“实验对象”，似乎都没有“停下来”的想法。幸好，一个局外人的加入最终结束了这场实验。

克里斯蒂娜·马斯拉奇，是斯坦福大学的学生，同时也是津巴多的女朋友。当时她刚拿到博士学位，正准备离开斯坦福开始新的工作。临走之前，她想到津巴多的“监狱”里去参观一下。

在此之前，她就从津巴多的口中了解到了监狱里的一些情况，但对于具体细节还不了解。同样作为心理学的研究者，她觉得自己非常有必要到“斯坦福监狱”去看一看。

在正式进入“监狱”之前，克里斯蒂娜·马斯拉奇遇见了约翰·韦恩，也就是我们之前所提到的那位“狱警”。当时约翰·韦恩给她的印象是和蔼可亲而且魅力四射。

但当克里斯蒂娜·马斯拉奇在“监狱”里再次见到约翰·韦恩的时候，却发现“囚犯”们列队来到他的房间下跪。此时的约翰·韦恩，已经成为了“监狱”里最臭名昭著的“狱警”。他戴着黑色的墨镜，手持警棍，身穿制服，放声大叫，痛骂犯人，让犯人报数时表现出一种粗暴的态度。

“我的天啊，这里发生了什么?”当时克里斯蒂娜·马斯拉奇就感觉自己有些反胃，对津巴多说，“我看不下去了。”

但是，津巴多却非常平静，因为早已经习惯了这种场景。作为津巴多的女朋友，克里斯蒂娜·马斯拉奇觉得自己已经“不认识”眼前的这个人了，他是如此冷漠、绝情，甚至有些丧失人性。

克里斯蒂娜·马斯拉奇要求津巴多立刻放弃实验，但是津巴多却认为，实验仅仅进行了6天，离预定的时间还很早，应该继续进行。克里斯蒂娜·马斯拉奇和津巴多之间产生了激烈的争吵。

这场争吵的结果是津巴多最终屈服了，从他“监狱长”的角色、从他对实验理性的准确和客观的追求中脱身而出，向他的爱人道歉，并且决定在第二天早上终止实验。

直到此时，津巴多才真正从实验中走出来，以一个正常人的视角去评判这场实验，他意识到这些天来所发生的事情是如此疯狂而违反人道的，但是，当自己身处其中的时候，却似乎无法认识到这一点。而他的这个实验，也证明了弗洛伊德所说的那句话：在集体中，事情往往径朝着极端的方向发展，也容易受到危言耸听的刺激。这是因为，集体崇拜暴力、偏狭、不容人。事实上，集体就像是一个原始人，缺乏理性，受到本能的驱使。由此，弗洛伊德认为，希特勒正是利用了人的这种心理，导致了德意志这个集体的盲目狂热。

领袖与爱

除了集体对于人的影响之外，弗洛伊德还在思考另一个关于集体，也关于希特勒的话题，那就是“领袖在集体中会起到什么样的作用”。

只要有集体，就会有领袖。弗洛伊德认为：“生物一旦以一定的数量聚集起来，无论是动物还是人，都会找到一个带头人，这几乎是一种本能。”而领袖为了统治这个集体，会制造出一种信仰。不同类型的领袖人物，会制造出不同的信仰。弗洛伊德从历史文献中找到一个规律：一部分思想家、政治家和著作家们，都曾经用某种信仰来约束他们的子民或者是门徒。事实上，弗洛伊德也曾经这么做过，例如，在他的精神分析学会中，关于“性”的理论就是一个神圣不可侵犯的“信仰”。

一个集体一旦形成，最为重要的后果就是：它的每一个成员的情绪会变得非常高涨。他们会按照集体的意愿行事，完全丧失了自己的批判能力。正

是因为人失去了判断力，所以他们会陷入到盲目的、不理性的热情当中。越是粗野，越是素朴的情绪冲动，

集体一旦形成之后，就要防止被瓦解，所以会产生相应的放预防措施，这就是纪律。这种情况，在军队和教会这两种集体中最为明显。

在这两种集体中，有一个共同的特点，那就是有些规矩没有商量的余地，必须执行，这就是纪律。谁如果触犯了纪律，就会受到相应的惩罚，这其实是为了保存集体的存在——如果每个人都按照自己的意愿行事，那么集体很容易土崩瓦解。

当然，除了军队和教会之外，集体的形式还有很多种。但是，弗洛伊德认为，人们单纯地集合起来，不能称其为集体。因为他们缺少一种情感的联系主要是指敬畏、服从等情感。不过，他同时也指出，形成集体是很容易的，因为人一定会觉得个人力量太渺小，只有组织起来，才能应对某些事情。事实上，这是一种本能——人从原始社会时就是这么做的。

但是，集体在形成之后，又很容易瓦解，这是为什么呢？在解释这个问题的时候，弗洛伊德引用了叔本华的一句话："一群冻僵了的豪猪中没有一个能够忍受因太密切地接近它的同伴所产生的后果。"

在弗洛伊德看来，人和人之间，终究是要形成对立的。如在德国，南方人不能容忍北方人。在英国，英格兰人则对苏格兰人竭尽诽谤之能事。西班牙人瞧不起葡萄牙人。在集体中，这种人和人的对立依然存在，只不过很多时候这种对立的情绪被压抑了，或者是说，由于有纪律的存在，人们将这种情绪伪装了起来。但是在同事间发生的口角中和下级对上级的抱怨中，对立的情绪还是会表现出来。不过，总体而言，只要一个集体存在，该集体中的个人的举止行为就表现得好像他们是统一的。他们能够体现出更多的宽容和平等。

之所以集体内部会有更多的宽容平等，是因为集体中的个体之间的联系

要比其他人之间的联系更多。而且，他们的利益相关，是一个利益共同体。人都有逐利性，当团结比分裂更有利时，他们自然会追求团结，保持宽容。

在集体心理中，有一个非常关键的要素——自居。

所谓的自居，就是一个人对于自己在集体中的定位。一般来讲，一个人如何自居，取决于他与集体领袖之间的联系。“副会长”也好，说“副班长”也罢，其身份的“参照物”，都是“正职”，也就是集体的领袖。

自居心态，还在另一种集体中体现，这个集体就是“家庭”。在家庭这个集体中，自居心理会形成一个词语——“爱”。

“爱”这个字对于个人而言是没有意义的。只有在产生集体后，这个词语才有了意义。而且，在家庭这个集体中，爱的作用是最为明显。

弗洛伊德认为，“爱”这个名称有很多种的情绪关系，很多情绪关系也被人们从理论上全部都归于爱的名下。不过人们总是在怀疑：这个“爱”是不是真实的爱。

弗洛伊德解释了一个“残酷”的真相：在某些情况下，爱就是性本能以直接的性满足为目的的对象性情感贯注。也就是说，当一个人对另外一个人产生了性冲动时，爱就产生了。弗洛伊德将这种爱称作是普通的、感性的爱。但是，弗洛伊德认为，当人组成家庭这个集体后，爱会在性冲动消失之后继续存在，形成了持续的情感贯注，也就是持续的爱。

人类产生爱这种情绪，第一个阶段是儿童在 2~5 岁这个年龄段。在这一阶段中，儿童在父母中的某一个人身上发现了最初的爱意，他所有的性本能都会指向这个对象。但是后来，因为道德观的形成，压抑了这种爱意，所以绝大部分这种儿童会舍弃这种爱。

爱的出现和消失，让儿童与双亲的关系中引起了深刻的变化。他虽然还与双亲保持着亲密的联系，但是维系这种联系的本能变成了理性的本能。而且，在这一时期，儿童会把爱与“亲切”联系起来，于是，在他的心里，便产生了超越性本能的爱。

等到儿童成长到青春期之后，性产生的爱再度出现。但是在这一时期，这种爱往往得不到满足，所以此时的爱会和“钦慕之情”联系起来，于是便产生了另一种超越性冲动的爱。这种柏拉图式的爱，在文学作品中多有体现：一个男人会对一个他万分钦佩的女人产生非常强烈的感情，但是却不会产生性的冲动……

多数情况下，青春期的少年会在两种爱之间达到一定程度的综合，即在非感性的、神圣的爱和感性的、世俗的爱都会存在于他的身上。他与他性对象的关系是一种无抑制的本能和其目的受到抑制的本能的共同作用。与纯粹的感性欲望相比较，对所有人所爱的深度可以通过测定其在这种爱中含有多少目的受抑制的爱的本能来决定。

一个人一旦对另外一个人产生了爱，就会产生性过誉现象。对于这个现象，弗洛伊德也很吃惊，因为在性过誉现象中：那个被爱上的对象可以在一定程度上免遭挑剔，他身上的所有特点都会在爱他的人眼中得到更高的评价，用世俗的说法来说就是“魅力”。

在这方面使人特别容易产生判断失误和理想化的倾向。也就是说，一个对另一个人产生爱意的时候，反而往往看不清这个人的本来面目，在理想中将此人塑造的更加完美。性过誉越是强烈，那么他越是容易产生这种情况。弗洛伊德认为，之所以会产生这样的状况，是因为在恋爱这个集体中，自居心理发生了作用，爱的一方会在潜意识中承认被爱一方的领袖地位，服从于他的权威，所以才会产生盲目的判断。这和“领袖心理”其实是一回事。

在研究集体心理的过程中，弗洛伊德似乎找到了德意志民族走向歧途的真正原因。但是，作为一个老人，他又能怎么样呢？

最后的时间

在弗洛伊德的晚年，最可惜的事情就是他已经没有时间和经历去完成《精神分析学概要》。他很失落的说道：“我在写这本书的过程中，时时为自己没有创新的思想、不得不重复以往的观点而惭愧。”

1939 年 2 月，弗洛伊德的下颚癌已经到了晚期。为了挽留住这位伟大的人物，英国医学界竭力救治，并请巴黎“居里研究院”的放射线专家们用放射性物质为其进行治疗，但为时已晚。

弗洛伊德知道自己的生命将要走到尽头，在临死前，他希望看到《摩西与一神教》的英文版，负责翻译这本书的人是钟斯的妻子。为了达成弗洛伊德的愿望，她夜以继日地赶译这本书。终于，在 1939 的 3 月，该书英文版出版了。

8 月，弗洛伊德的病情再度恶化，甚至连进食都成了问题，弗洛伊德在饥饿中度过了自己最后的时光。他最后阅读的一本书，是巴尔扎克的《驴皮记》。弗洛伊德说：“这本书正好适合于我，它所谈的就是饥饿。”

9 月 19 日，钟斯去看望已经奄奄一息的弗洛伊德。此时，弗洛伊德的下颚已经严重感染，他一动不动地躺在床上，直到钟斯叫了一声他的名字，他才缓缓地睁开眼睛。认出是钟斯之后，弗洛伊德伸出手，握了握钟斯的手，这算是他在向钟斯做最后的告别。

三天后，弗洛伊德对医生舒尔说：“亲爱的舒尔，你还记得我们当初的谈话吗。你答应过我，如果我不能坚持活下去的话，你会帮助我逃离苦难。现在我非常痛苦，我的生命已经毫无意义。”显然，肉体的痛苦已经使弗洛伊德想要早日逃离这个世界，他希望能安详地死去。舒尔非常理解弗洛伊德，他紧紧地握了握弗洛伊德的手，答应采取措施减轻他的痛苦。弗洛伊德很感激，然后，弗洛伊德嘱咐说:“把我们之间的谈话内容告诉安娜。”

第二天，舒尔给弗洛伊德注射了吗啡，弗洛伊德安然入睡。数小时之后，弗洛伊德便离开了人生。

伟人漫长的一生结束了，留给了世界丰富的精神遗产。

9 月 26 日，弗洛伊德的葬礼在伦敦哥尔德草地火葬场举行，来为他送行的人很多，钟斯在葬礼上致悼词，斯蒂凡·茨威格同时也在德国发表悼文。

1940 年，为了纪念弗洛伊德,《弗洛伊德全集》十八卷伦敦版开始出版发行。这是一套如此庞大的著作合集，出版社花了 12 年时间，才完成所有图书的出版。这就是弗洛伊德给全人类留下的最后遗产。

弗洛伊德死后，安娜继承了他的学说。

1895 年出生于奥地利维也纳的安娜，是弗洛伊德最小的孩子，是唯一继承他衣钵、从事心理学研究的孩子。

事实上，安娜小时候并不被弗洛伊德所重视，她曾经在与朋友的信函中提到:“当时如果有避孕药，我是不会来到这个世界的。”

但就是这样一个柔弱的小女子，却成为了弗洛伊德最好的助手。

安娜从事与父亲一样的工作，如今看来，弗洛伊德理论中的“恋父情结”对安娜确实有一定的影响，为了和父亲的事业“争宠”，她不惜从高中毕业后就开始跟随父亲，几十年来致力于精神分析事业。为了照顾晚年患病的父亲，为了将父亲的事业发扬光大，她甚至终生未婚。安娜·弗洛伊德为心理学做出的贡献早已载人史册，尽管她未曾受过正规的学校教育，却最终成为了运用精神分析方法研究儿童发展的创始人之一，并被后人评为“20

世纪 100 位最杰出的心理学家”之一。

弗洛伊德说:“女孩子最初表露的感情，就是对父亲的爱慕。”在他的 6 个孩子中，安娜始终珍藏着对父亲的崇拜与依恋；虽然弗洛伊德不会主动向孩子提起关于精神分析的事情，但是安娜却从小就对这项工作有着深厚的兴趣。

14 岁时，安娜得到了弗洛伊德首肯，被允许坐在图书室的楼梯上，旁听弗洛伊德在精神分析学会中的演讲。

17 岁，安娜开始阅读父亲的作品，并且经常与父亲讨论精神分析用语的含义。这些对尚处于少年时代的安娜来说，无疑为她今后的精神分析发展之路打下了坚实的基础。

不知是出于年轻人的热情与梦想，还是因为对父亲的依恋，安娜高中毕业后便离开了学校，开始跟弗洛伊德学习精神分析的理论。她经常出席父亲的演讲会，为他做记录，逐渐成为了弗洛伊德最好的帮手。

22 岁那年，在安娜身上发生一件奇怪的事情——她陷入到了一系列噩梦当中。弗洛伊德虽然精通释梦，但是在他制定的精神分析准则中，医生是不能以亲朋好友作为分析对象的。所以，一开始弗洛伊德只能眼看着自己的女儿陷入到噩梦的困扰当中。

但是，安娜的噩梦到最后开始严重影响她的正常生活。弗洛伊德无奈之下，只好违背了自己定下的规矩，开始为安娜分析梦境。他的做法就如同是“监守自盗”，因而受到了同行们的批评。弗洛伊德自己也十分苦恼，生怕别人认为他是在拿自己的女儿做实验。但是面对女儿的不幸遭遇，他又不能袖手旁观，所以弗洛伊德只得“冒天下之大不韪”，顶着压力为女儿治病。

当时，安娜每周接受 6 个小时的分析，时间在晚上 10 点钟，直到 1922 年中断，但从 1924 年开始后的几年中，她仍断断续续接受其父的精神分析。经过长达 4 年之久的精神分析，安娜终于摆脱了心理上的困境，回归正常。而且，在此期间，安娜以自己的亲身经历直接从父亲那里学到了许多心理分析的方法。

1922 年治疗结束后，安娜向维也纳精神分析学会提交了一篇关于儿童幻想的论文。不久后，安娜就被批准加入精神分析学会，获得了精神分析师的从业资格。

1923 年，安娜跟随父亲的脚步，在维也纳开了一家诊所，开始了自己精神分析的医疗实践之路。

1924 年，安娜第一次在精神分析学会额会议上发表演讲，他的演讲的题目是《击败幻想与白日梦》。此次演讲获得了成功，引起了精神分析学界的重视。其实，在安娜演讲中的所谓“患者”，就是她自己。她用自己的亲身经历打开了研究精神分析的大门。

30 岁的时候，安娜便已经担任维也纳精神分析学会主席，同时也在维也纳精神分析学院讲授她的专长——儿童分析。

正当安娜的事业进入上行通道的时候，传来了一个不幸的消息——弗洛伊德患上了下颌癌。为了更好地照料父亲，安娜停止了自己的研究和工作，将自己的全部精力奉献精力奉献给了父亲。从那以后，安娜与弗洛伊德的关系更为亲密。在弗洛伊德生命的最后 16 年，安娜始终陪伴在他身边。

1938 年，纳粹德国入侵奥地利之初，安娜曾被德军逮捕，获释后陪同父亲赴英国伦敦避难，一面照顾已患口腔癌多年的父亲，一面继续在伦敦从事儿童精神治疗工作。

1939 年到 1945 年，安娜又回到了维也纳，并创办了一所私立小学，将原来用于病人的精神分析理念扩展用在教育上以研究儿童。后来成为著名心理学家的 E.艾里克森，当时即在该校任教，并跟随安娜从事儿童精神分析研究。与此同时，她还在英国伦敦创办汉普斯特战争疗养院。机构创办初期，照顾在战争中和双亲失散的小孩，战后她改为儿童诊护所，开设儿童心理治疗课程，并对精神紊乱的儿童和成人进行临床诊断和分析治疗。这一时期她还走遍欧美，做专业和通俗的精神分析讲演，并担任耶鲁大学法学院和儿童研究中心的访问教授。此外她还开办了一个健康儿童科，一个因社会案件而设的幼儿班和一个专收盲童的幼儿班。1952 年起她担任汉普斯特诊疗所的所长直到逝世。

安娜没有接受过大学的教育，没有正式学历，学术成就全靠自学。而且，她终身未婚。

有人认为，安娜在心理学上最大的贡献，就是她用一生的时间照料弗洛伊德，让弗洛伊德拥有了更多的时间去研究心理学。这种说法虽然有失公正，但也不是全无道理。

在弗洛伊德的精神分析学还没有受到足够的重视之前，他的身边只有女儿。1923 年弗洛伊德患上口腔癌之后，又全靠安娜的照顾才得以一次次地从病魔手中挣脱。

在弗洛伊德病重之后，一个保护心理学的秘密组织成立，安娜也是其中的成员之一，她要求其他成员捐出一枚戒指作为信物。从那时开始，安娜也成为了弗洛伊德的秘书及代理。当奥地利被德国纳粹入侵时，安娜为了保护父亲，代替父亲接受纳粹的审讯。

作为弗洛伊德衣钵的继承人，安娜在心理上也做出了一定的贡献，主要有以下几点：

1. 自我心理学

安娜继承了弗洛伊德后期理论中的自我心理学思想，对自我心理学的建立作出了重要的贡献。在关于“我”的理论中，弗洛伊德把“自我”视作“本我的佣人”。而安娜则提出了不同的意见，她反对过分强调本我，强调自我的价值。由自我心理学出发，安娜论述了她的两大理论成就——防御机制和儿童精神分析。

2. 对防御机制的诠释

在弗洛伊德的理论中，关于心理的防御机制的理论不够系统，安娜在她1936年的《自我与防卫机制》一书中，系统总结和扩展了弗洛伊德对自我防御机制的研究。她认为，人类的最重要的防卫机制是压抑。

3. 儿童精神分析

安娜对人格的发展很有兴趣，她用了50年时间把弗洛伊德的精神分析理论用于儿童心理分析和教育工作。这弥补了弗洛伊德的精神分析主要以成年人为对象的缺陷，使得精神分析更具普遍性。

第九章

关于弗洛伊德

本章是整本弗洛伊德传记的一个“花絮”，记录了与弗洛伊德相关的一些趣闻琐事，希望读者可以从中了解一个不一样的弗洛伊德。

精神分析学派的发展

如果从 1895 年弗洛伊德发表《歇斯底里的研究》一书作为“精神分析”的起点的话，那么精神分析运动业到现在已经有了 100 多年的历史。在这 100 多年时间里，精神分析学派发展出了许多分支。

弗洛伊德在世时，精神分析学就开始出现有人要“自立门户”的现象，分裂与整合不断发生。

精神分析整合的过程，其实就是不断地克服片面性、极端性的一个过程。弗洛伊德开创了精神分析学派，但是靠他一己之力，很难做到尽善尽美。所以，他的许多门徒都试图发展更加完善的学说。我们可以将这种整合方式称之为内部整合。

与内部整合相对应的是外部整合。外部整合指的是精神分析与外部邻近学科，如社会学、文化学、哲学、语言学、医学和神经科学之间的整合。从弗洛伊德在用精神分析法来分析“外界”开始，就已经注定精神分析也要受到其他学科的影响。

精神分析学派生长在一片“优质土壤”中，维也纳学术氛围浓厚、宽容，适合新思想的萌发。所以，尽管弗洛伊德的理论有很多人反对，但是并没有遭到来自官方的障碍。

在精神分析学蓬勃发展的过程中，遭遇到了两次比较大的分裂，这就是我们之前说的荣格等人的“背叛”。

这种背叛在一定程度上打击了精神分析的发展，但并未将其击垮。因为当时的弗洛伊德已经有了一定的影响力，而且，他的学说本身也足够有说服力。

弗洛伊德死后直到二战结束，精神分析学有了重大变化。弗洛伊德女儿安娜·弗洛伊德将强调自我的流派壮大成了精神分析的主流，而且，由于二战时期很多精神分析学者都流亡到了美国，导致美国从那时起成为了精神分析的“主流市场”。

精神分析学在美国也不是顺风顺水，由于理论的停滞和组织的过于严格，所以精神分析的发展并不十分顺利，但是这也激发了精神分析家寻找新出路的热情。弗洛伊德的美国追随者们在理论研究与临场实践中，不断发现问题，寻找改善办法，从各自的角度对精神分析进行发展与修正，由此形成了精神分析学百花齐放的局面。

在 100 多年的发展中，精神分析学分出许多支派，但是大体上来说，可以分为三个类型。

第一，保守派。

保守派重视寻找意义，而不是原因。也就是说，它寻找意识的和潜意识的目的、愿望和目标，但是不重视神经学的作用，对于大脑结构啊、人体解剖啊这种事情没兴趣。关于精神分析是否是可靠这个问题，保守派认为:“在真相的符合理论条件下，精神分析解释无疑是真实的。”

保守派的代表人物是克莱因、谢弗以及霍尔特。事实上，这些人都认为不能完全信奉弗洛伊德的理论，尤其是弗洛伊德的一些基本理论。但是他们都支持弗洛伊德的临床理论，尤其赞同弗洛伊德对于梦及日常生活的心理学解释。

第二，激进派。

这个派别认为，精神分析的主要任务是寻找人们行为的意义，而且这个意义是可以被赋予的。也就是说，他们主要的目的是分析人的行为代表了什么？意味着什么？大多数诠释学精神分析学家都可以归入激进派模式，如斯彭斯、夏普、洛赫、斯蒂尔、维德曼等。这些人有一个共同点，那就是不相信所谓的“真相”。

洛赫把真相分为“历史真相”和“意义真相”，他们不相信单一的真相，认为精神分析的任务既要追寻历史真相，更要建构意义真相，也就是去寻找人类心理中真正产生作用的那部分内容。

第三，折中派。

这一学派的观点基本介于保守派与激进派之间，这部分学者认为人经历的每一件事情都对心理的构成产生了影响。这一学派的代表人物是谢弗和芬格莱特。谢弗认为，精神分析无法查明事件的前因后果，只能查明事件背后的动机。换句话说就是，你无法通过某种心理而推断这个人具体会做出什么样的事情，但是可以通过他做的事情去推断他当时的心理状态。谢弗说："原因的想法仅仅在与由一位独立的、客观的从事一个特殊项目的观察者所做出的对前提条件的描述有关时是讲得通的。与此相反，在行动心理学中，这些‘原因’只作为动因的理由存在，这是他或她的个人意义和目标世界的特征……它就是这个人如何表征这些‘原因’……为这些表征寻找原因只会导致个体表征的更多问题，以至于原因永远不为人所了解，而所有理由都唾手可得。"

这三个学派是弗洛伊德死后精神分析学者们对于他的学说的延伸和再创造，共同形成了后世精神分析学的主要内容。不过，精神分析学近年来的衰落，也与这三个学派有关，因为这三个学派中的折中派，热衷于研究人的大脑结构，而且成果颇丰，其中最具代表性的人物就是莫尼斯。

19 世纪末，莫尼斯还在科英布拉学院读书，攻读医学专业。在医学院里，莫尼斯有机会遇到各种各样的精神科病人，他看到有人口吐白沫、有人晕厥、有人颤抖……从那时起，米尼斯就察觉到人类的行为、心神竟如此怪异。

在莫尼斯看来，心理与肉体是紧密结合的，所以他不像一般的心理学家，用“形而上”的思想去研究心理学。莫尼斯认为，精神疾病与有机体的病变有着密切的联系。所以，莫尼斯总是在想：如何才能真正的认识，我们心理学的发源地——大脑。他的这种想法，恰恰违背了弗洛伊德当年的意愿，因为弗洛伊德认为，研究心理学的主要切入点，是人的行为，而不是大脑的结构。所以，莫尼斯可以说是精神分析学派的挑战者！

在弗洛伊德所处的时代，由于缺乏足够的医疗技术，所以大脑在颅骨的“严密保护”下显得如此神秘，人们对它的了解很有限。

为了了解大脑，莫尼斯先用尸体进行了脑部实验。他将一些染色剂注射到人的大脑里，染剂流人脑部，再以 X 光机照射，原先隐藏的血管与脑叶一一现形。也就是说，莫尼斯不用劈开人的头颅，就可以很细致的观察大脑的内部构造了！

可是，这种方式在活人身上是否也有效呢？

将染色剂注射到活人身上做实验？天呐，这个想法太过于疯狂了，但是莫尼斯就这么做了。他从自己的病人中挑选出若干人，进行了注射染剂实验。

结果，导致一人死亡！

但是，莫尼斯没有停止自己的实验，他继续为许多病人注射染剂，观察其脑合影像。幸运的是，再没有人在实验中死去。

尽管如此，莫尼斯还是招致诸多抨击。大部分人都认为，莫尼斯没有权利拿别人的生命开玩笑，他的做法是不道德的。

1935 年，此时的莫尼斯已经 61 岁了。不过，他还是不能闲着，因为要到伦敦去参加一场神经医学研讨会。

在这场大会上，许多科学家都公布了自己在精神领域的最新发现。例如，有些科学家发现：切除猴子的某些大脑组织，可以让猴子的性格发生改变；改变小白鼠的大脑构造，可以治疗小白鼠的某些精神疾病。

……

等到所有人都陈述完了之后，坐在最后排的莫尼斯突然说："为什么不用外科手术来消除人类的精神病状?"

会场陷入了一片沉寂，很多人都转过头来，想看看到底是谁如此大胆。

莫尼斯的发言，为何会让人吃惊？原因就是，他碰触到了一个"科学的禁忌"。因为如果想要用外科手术，来治疗精神疾病，就必须先要用人体做实验。而人体实验，就有可能造成人员伤亡，所以科学家们不敢轻易冒险。因此，莫尼斯的话才会引起轩然大波。

不过，就像从前一样，莫尼斯似乎不太在意别人怎么想，他对所有人说："我要这样做，我要动手术把患者剧烈作痛的大脑，切掉一小块。因为我经常看到那些受精神疾病困扰的人，低头用力揉搓太阳穴，仿佛要揉掉前额叶传来的灼热刺痛！与其让坏掉的大脑给人带来痛苦，不如将它从病人的身体里移除出去。"

没有人说话，他们既不反对，也没有赞同。

会议结束之后，莫尼斯搭火车回到了葡萄牙。和以往一样，他在里斯本市区的各家精神病院里巡视。

在精神病院里，那些饱受疾病摧残的病人们，口吐白沫，肮脏邋遢，如果他们突然"发疯"，就会被扔到一个大木桶里。在莫尼斯看来，精神病院的治疗方法，简直就好像是一种刑罚。更为关键的是，这种治疗方式的效果非常有限，有些精神病人在这里呆了 7 年之久，病情还是没有任何好转。

莫尼斯下定决心，要采取更有效的治疗方法，让病患逃出苦海。

从病患的角度来看，他们自然也希望，自己的病情能够早日得到控制。

可是，如果让病患接受一种“前所未有”的治疗模式，就相当于是在用自己的身体给科学家做实验，他们会接受吗？

有一个人愿意，她是一位63岁的老太太，我们暂且将其称之为“M太太”。

M太太有严重抑郁及焦虑倾向，思想偏激，还有妄想症：认为警察想要下毒害死她。

在接受莫尼斯的治疗之前，M太太已经在医院里住了4年半，病情却没有任何好转。病痛的折磨让她痛苦不堪，所以，她才愿意成为莫尼斯的“实验品”，让莫尼斯给自己做脑部手术。

对于手术是否能获得成功，连莫尼斯本人也没有十足的把握。他说：“第一次手术前的晚上，我非常希望手术可以获得成功，让我的焦虑恐惧一扫而光。如果摧毁连结细胞的组织，可以抑制某些精神疾病的话，这将会是一大突破，有助于了解心灵运作的基础。”

1935年11月11日，M太太来到了圣玛丽亚医院，她将成为人类历史上，第一个被切割掉一部分大脑的精神病患者。等待她的，将是什么？

莫尼斯早早的就在医院等着M太太。M太太就位之后，手术就正式开始了。

在我们的想象中，切除一个人的大脑，是一件非常危险而且血腥的事情。不过，从手术的过程来看，并未如此。

莫尼斯在M太太的头骨两侧，各钻出一个直径大约两毫米的洞。然后将装满酒精的注射器插入洞中。用酒精的烧灼性能去切除发生病变的神经组织。

整个过程就是这么简单，不过，却让莫尼斯心惊肉跳，因为他迫不及待地想要知道手术的结果。

接下来，是漫长的等待。5个小时之后，M太太才恢复了神智。为了检验手术的成果，莫尼斯赶紧向 M 太太提问了如下问题："你家在哪?"

"戴斯特罗的卡尔喀达。"

"这是几个手指头?"

面对这个简单的问题，M 太太却显得有些迟疑，她考虑了一下，才说："5 个。"

"你多大了?"

这一次，M 太太居然无法给出答案。

……

从问答情况来看，M 太太的病情并没有显著改善，甚至还有加重的趋势。

不过，莫尼斯没有绝望。脑部手术后的病人，出现暂时的意识模糊，也是正常现象。他让 M 太太转入普通病房，继续观察。

在恢复了两个月之后，精神病院的一位心理医生，对 M 太太的精神状况又做了一次鉴定，结果如下：

该名病人行为正常。焦虑倾向不明显。喜欢模仿他人，反应有些夸张。道德观念、智力、行为一切正常。

这绝对是个好消息！这意味着莫尼斯的切割大脑疗法，确实有效。

虽然莫尼斯的"实验"获得了成功，但是他的做法，还是引来了非议。同行们说他把病人当成了小白鼠，是一种违背科学精神的行为。

对于这些指责，莫尼斯似乎早已经免疫。他继续寻找更多的病人，来作为"实验"的对象。

在之后的时间里，莫尼斯用酒精烧灼的方法，为 20 位病人做了手术。后来，他改用脑叶切割器。脑叶切割器其实是一种专门用来切除大脑组织的刀具，可以切除神经联系与组织。

在治疗的过程中，发生了很多"神奇"的事情。长期被焦虑症所困扰的病人，经过手术之后，变得平静稳定。有些在精神病院里住了好几年的病人，经过治疗，便可康复回家了，甚至还找到了工作。有一位 26 岁的妇女，是一位极度抑郁的精神病患者，甚至曾经喝下盐酸试图自杀。经过莫尼斯的治疗后，家人发现她“状况大为好转，就好像从来没有生过病一样”。病人本人则表示:“病都好了。我现在只想回家和女儿一起生活。”

莫尼斯宣称，第一批接受手术的，一共是 20 位病人，其中 7 人痊愈，7 人病情大有好转，只有 7 人没有变化。也就是说，70%的人都因手术而获益，另外 30%的患者，虽然没能康复，但是也没有更坏的情况出现。

成绩喜人，但是依然有反对的声音。这一次，反对者认为，由于缺乏长期追踪，所以这些数据并不能证明手术是有益无害的。另外，他们依旧指责莫尼斯的手术太过残忍，置患者的生命安全于不顾。莫尼斯现在的处境，就和当年的弗洛伊德一样，饱受批评。如果弗洛伊德泉下有知，不知道是会对这位精神分析的叛徒报以同情，还是报以仇恨?

弗洛伊德与“绯闻”

弗洛伊德并非是对异性没有吸引力的男人，所以在弗洛伊德的一生中，传出了许多绯闻，其中流传最广的就是他与妻妹明娜之间的绯闻。但是大部分对弗洛伊德十分了解的密友都说，明娜对于弗洛伊德而言，只是一个有趣的伙伴和家人，他们之间并没有产生性的吸引，这说明娜取代了玛莎在弗洛伊德感情中的地位完全属于胡说八道。

弗洛伊德在和朋友的通信中也经常提到明娜，就像提及儿子恩斯特或女儿安娜时一样的语气。其实弗洛伊德一家是“小姨子、母亲一起生活”的状态，只是延续了欧洲19世纪的标准婚姻形态：兄弟姐妹之间的感情纽带和夫妻之间的一样，所以未婚姐妹和寡母可以心安理得地和已婚夫妇一起生活。

除了明娜之外，还有一些引入瞩目的女性也与弗洛伊德关心非同一般，比如：爱玛·埃克施泰因、勒·卡恩、露·安德里亚斯·莎乐美、琼·里维埃、玛丽·波拿巴。这些人中，莎乐美和玛丽·波拿巴是两位非常有身份的贵族妇人，她们在不同时期出现在弗洛伊德的世界里。

这些与弗洛伊德关系密切的女子，大多数都是“聪明而有男孩气质的女孩子”。对于弗洛伊德与她们的关系，弗洛伊德的一位朋友评价说：“这种类型的女孩在他一生中出现过好几次，但她们与弗洛伊德的关系类似于男人和男人的关系，没有半点色情的成分在里面。”也就是说，她们和弗洛伊德只是分享对智识的热爱。

莎乐美在欧洲上流社会非常著名，她与尼采、里尔克等著名学者熟识。

1861年，莎乐美生于彼得堡一个贵族家庭，她的祖先来自于德国波罗的海沿岸，所以她的家族说的是德语。19岁时，莎乐美来到德国求学，从此她便留在了德国，俄国只是她地理上的故乡。

1882年，莎乐美结识了著名的哲学家尼采，而她本人，那时候也出版了一部小说，还是一位小有名气的批评家。在认识尼采的12年后，她的著作《弗里德里希·尼采与其作品》为她赢得了心理学小说家和随笔作家的名声。

晚年时，莎乐美写了一本自传——《回顾我的一生》。在这本书中，莎乐美说他和尼采的交往是深厚的友谊，主导了她生命的第一个阶段。和里尔克之间，则是恋爱关系。至于弗洛伊德，莎乐美认为那是他的导师，她写了一本书叫做《感谢弗洛伊德》，由此可见，弗洛伊德对于她而言是一个非常重要的存在。

莎乐美是弗洛伊德精神分析学的拥趸，她与弗洛伊德的初次相遇，就是在 1911 年初的分析学大会上，随后开始学习精神分析。

那年莎乐美已经 50 岁，但仍然在好朋友的陪伴下，专程来到了维也纳，开始了为期 6 个月的学习。

1921 年 11 月 9 日至 12 月中旬，莎乐美来到弗洛伊德家中做客，并在弗洛伊德家里客居了一个多月。这段时间里，每天晚上，莎乐美都和弗洛伊德的小女儿安娜坐在弗洛伊德的房间里讨论问题。有时候弗洛伊德也会加入她们的讨论，但是不会和她们聊太久。

莎乐美离开之后，弗洛伊德在写给儿子的信中这样说："今天莎乐美夫人离开了……她是一位很有魅力的客人，也是一位出众的女性。……你的母亲把她照顾得很好，我大部分时间都在工作，所以并没有尽到地主之谊，但她始终是那么善解人意。"

莎乐美离开维也纳之后，开始与弗洛伊德通信。他们的第一封通信开始于 1912 年 9 月，最后一封信写在 1936 年 5 月，中间平均两个月一封信。在信中，莎乐美始终称呼弗洛伊德为"尊敬的教授"，他们信中所谈论的话题，大部分都与精神分析有关——病例分析、彼此的最新著述，有时也会提起对方的家人，如 1915 年第一次世界大战期间，弗洛伊德就在写给莎乐美的一封信中抱怨说："写这封信时，我和我的妻子正过着一种通过不懈努力创造出来的田园般的生活，但却不断被这个时代的纷纷扰扰搅乱。"

比起莎乐美，另一位女性——玛丽·波拿巴，对弗洛伊德的崇拜更为热烈。

玛丽·波拿巴的来头更大，她生于 1882 年，拥有公主头衔，因为她的父亲是法国皇帝拿破仑的后代，她的丈夫是希腊王子乔治。

玛丽的职业是心理医师，她很早就有了自己的诊所，但她狂热地信奉弗洛伊德和他的精神分析学。

1925 年，玛丽公主曾以病人的身份向弗洛伊德寻求心理治疗，后来变成了弗洛伊德的学生、著述出版赞助人以及忠诚的保护者。

眼看着玛丽公主对自己的崇拜近乎狂热，弗洛伊德似乎在与她刻意的保持距离——有时候会拒绝拆看她的来信。但是，这并没有打消玛丽公主对弗洛伊德的热爱。

精神分析学流传到法国后，很长一段时间无人问津，弗洛伊德就抱怨说:“好像敏感的法国人受不了精神分析学说的专有名词，认为这些词会冒犯他们。”这个时候，作为弗洛伊德的玛丽体现出了自己的作用，她不惜动用大量的金钱和社会资源，在法国推广精神分析。

1938 年 3 月，纳粹入侵奥地利，弗洛伊德的“国际精神分析学出版公司”被查封全部财产，这时候，玛丽公主为了确保弗洛伊德的安全，暗中动用大笔财产买通关系，为弗洛伊德一家打开了一条逃亡之路。

1939 年 9 月 23 日，弗洛伊德病逝于伦敦时，他在遗嘱中说，希望家人用玛丽公主从前送给他的一个古董骨灰盒来安放自己。

弗洛伊德理论对于文学家的心理分析

之前，我们曾经说弗洛伊德曾经用心理学的思想去研究文学，但事实上，他不仅研究文学，还以此方法研究文学家的心理世界。而他的这种研究方法，被他的门徒们广泛使用，成为了一种洞悉艺术家心理的手段。

弗洛伊德认为，作家之所以有创作的冲动，是想借助自己的作品来为其“受挫的欲望”找寻一种“替代性的满足”。也就是说，作家在虚构的文学作品中，满足了内心真实的愿望。但是这种满足是“几乎可以说是无害而有益的”，因为“幻觉是它所追寻的唯一目标，除了少数为艺术着魔的人外，艺术从不敢对现实的领域作任何攻击”。

根据弗洛伊德的这个理论，我们可以讲文学作品视作是“麻醉剂”，和梦一样，是一种愿望的满足。弗洛伊德将这种满足称之为“内在自欺”。

如果从严格意义上来讲，作家和精神官能症病人基本上属于一类人，弗洛伊德在提到某本小说的主角时曾说：“像他这样把幻想与理智分开，命定要成为一个诗人或精神官能症病人，他们的生活领域不是在这个尘世。”

弗洛伊德认为，人类处理外在现实有两种手段：一种是实际、有效、正面的，这是自我处理问题的方式，也是正确的方式；第二种手段是用虚幻的东西来面对现实，这种人忙于处理自己的感情。这类人就是喜欢做白日梦的那类，他们在“幻想”中解决问题，达成愿望，来给予自己某种快乐。

心灵结构中的“三识”与“三我”

弗洛伊德尝试为人类复杂的心灵做一个“科学性的规划”，在他的学说中，人类的心灵有两种结构方式，如果从思想、感情的方面来考虑的话，它可分为潜意识、前意识及意识三个层面；如果从人格方面来考虑的话，它可分为“本我”、“自我”及“超我”三个领域。

弗氏认为，人的思想如同冰山，浮在海面上的就是“意识”，这只不过是冰山的一角罢了，而隐藏在水面下的巨大部分，就是我们的“潜意识”。潜意识是一种无法被意识到的意识，所以也无法被人所控制。

“潜意识”可以分为两种：一种是可以再度变成意识的“前意识”；另一种是不能被才称为“潜意识”。

弗洛伊德将人格分为三个部分，“本我”、“自我”和“超我”，这三个“我”都属于意识的范畴。但“本我”属于潜意识，它是“原欲”（弗洛伊德所指的原始欲望）的贮存所，它的功能在于满足生命中的基本欲望，它的力量巨大且盲目，“不知价值，不明善恶，不懂道德”，是自私、不计后果的代名词。

“自我”一部分属于意识，一部分属于潜意识，属于意识的部分更多一些。自我遵循“现实原则”，和“本我”相比，它更谨慎、更懂规矩，更能适应社会。弗洛伊德说：“自我代表理性与审慎，而原我则代表不受约制的狂热。”

“超我”是“自我”潜意识部分的强化。如果“自我”是为了“有利”而遵守某种规矩的话，那么“超我”则没有那么多的功利心。他会“下意识”的做出一些符合道德规范的事情，而并不是为了某种目的去做，弗洛伊德说：“超我一切道德自制的代表，止於至善的拥护者，简而言之，它相当于人类生活中所谓高尚的东西。”

“超我”自然是最为理想的状态，但是，在弗洛伊德看来，历史上很有少有人达到这样的境界。甚至就连佛教的释迦摩尼，也只是“比较接近”罢了。

《青年善士布朗》中的心灵

霍桑的小说《青年善士布朗》讲述了一个关于人格的故事，故事说的是青年善士布朗在某天日落时分告别他的妻子信心，离开了村子，到黑暗的森林中与撒旦共度一夜，虽然他拒绝了魔鬼的蛊惑，但是心灵却再也得不到平静，回到家之后，他不敢见自己的妻子，还不时想起那夜在森林中的罪恶颂歌，最后抑郁而终。

弗洛伊德解释说，故事里的村庄，代表是的社会秩序，我们生于斯长于斯，被秩序所限制，也被秩序所保护。而充满狂野与激情的森林，就是潜意识的无底深渊，代表了“本我”。主角布朗本人，就是一个自我，一方面给要受到道德和秩序的约束；而另一方面，又被欲望所驱使。

本能的压抑与升华

人总会出现一些不符合“现实原则”或“道德原则”的念头、爱好或冲动，它们虽然没有被实施，但是也没有消失，而是被驱逐到了潜意识中，这就是“潜抑”；平常时刻，被压抑在潜意识中的罪恶之花没有盛开的土壤。但是在某些时候，譬如睡梦中，或者是患上了精神疾病时，那些被潜抑的东西，可能会再度出现，不过它们往往不会直接出现，而是伪装之后呈现在我们的意识世界中。在我们分析《梦的解析》一书时，提到过这一点。

弗洛伊德从他的临床诊疗经验中发现，受到潜抑的东西主要是“性欲”。性欲受到压抑并非在成年之后，在儿童时期，这种压抑就已经开始了。

在弗洛伊德以前，很少有人认为儿童也有性意识。但是弗洛伊德认为，人从刚出生的时候就已经有性欲了，但是由于器官并未发育成熟，所以性欲并不能得到充分的释放，而是以其他方式体现出来。

潜抑之最——性心理发展途径

性欲发展的第一个阶段是“口腔性欲期”：在从出生到一周岁、或者是更长的时间里，都属于这一时期。

“口腔性欲期”有可以分为“口腔乐欲期”与“口腔虐待期”两个阶段。在“口腔乐欲期”，吸吮会带来性的满足，而在“口腔虐待期”，攻击性的咬合会带来性的满足。口腔期性欲如果不能获得满足，就会影响人日后的心理发展。

第二是时期是“肛门性欲期”：从一岁开始，在三岁结束。此时，这一时期的幼儿通过对肛门的刺激满足性欲，如果幼儿未能满足这种欲望，便会产生诸如便秘等状况，这是由心理反应到生理反应的一个过程。

第三是“性蕾性欲期”：约在二岁半至六岁间。

此时，幼儿应将对性的兴趣转移到了生殖器官上，他们会玩弄自己的器官。对于男孩而言，这一时期还会经历“去势焦虑”——害怕自己失去器官，因为他们发现有些孩子（女孩）是没有器官的，或许是家人威胁他们说：“你在淘气小心我把你的割掉。”

而女孩，在这一时期会经历“阳具钦羡”，既羡慕男孩的器官。

性别意识就在这种看起来很可笑的情况下产生了。

第四是潜伏性欲期。从五至七岁开始，这一时期，恋母情结会消失，道德观开始养成。

第五是疏远异性期。这一时期，儿童的性意识开始转移到了异性身上，但是儿童一时难以接受这种变化，所以内心极度不安，开始刻意的回避异性。

第六是性器性欲期。就是成人性欲起，以异性为对象，以器官的接触得到满足。

沙特的《呕吐》：口欲的象征

存在主义哲学家沙特，在小说《呕吐》及剧本《群蝇》表达了他的哲学观点。

《呕吐》一书讲述了一个叫做安东尼·罗奎丁的作家，在一个诺曼底小镇上为著作搜集资料时的故事。

书名叫《呕吐》，里面的内容也确实令人作呕。沙特在写这本书的时候，故意给人添恶心，将一切事物甚至是思维，都变成了令人作呕的东西。这些东西虽不能使人产生真正的呕吐，但看完全书后，却能令人兴起作呕的感觉。

弗洛伊德的后辈心理学家们指出，《呕吐》的书名和其中的文字叙述就包含着“口腔性欲期”的味道，这本书中大量采用与口腔经验有关的字词，如“黏滞”、“黏重”、“软黏”、“拥挤”、“扭蠕”等。“栗树主动地进入我的眼帘，绿苔不完全地覆盖它，异常肿大的树皮像张脓肿的皮革……我的鼻子闻到青腐的气味”、“这话语只意味千万个长毛的红爪子，它们都悬浮在半空中，千万个静止的死的兽爪。椅子带着所有的死红兽爪滴着血，膨胀着渐渐升高，它浮在车中，浮在灰黑的空中，它已不再是一张椅子了。这种情形就像只死驴在水波上飘荡……我坐在椅上正像坐在驴肚子上”、“我呼吸被窒了，存在无论在什么地方都渗透着；经由眼睛、鼻和嘴，存在渗透着我”。

这些词语为什么能引起人呕吐呢？这和婴儿期的一些经验有关，婴儿与别人的第一次关系是通过嘴发生的，外在世界包括母亲和食物，都留下一种黏黏糊糊的感觉。所以在涉及到关于嘴的感觉时，就会让人忍不住想要呕吐。

恋母情结

到了“性蕾性欲期”，儿童就开始在外界寻找“性对象”。因为父母是他们最亲近的人，所以第一个“性对象”往往会就近选择。由此便产生了恋母情结和恋父情结。

男孩在产生恋母情结之后，发现父亲和母亲的关系也非常密切，就会将其视为“情敌”，他一方面爱其母亲，另一方则讨厌父亲。但是，由于社会秩序的约束下，他不可能公然对抗父亲（这里的社会秩序，不仅仅包括道德，还包括父亲在体力上的强大优势）。时间长了之后，男孩会放弃对母亲的“爱”，他们开始向父亲学习，壮大自己，希望以此来获得一种安全感。

弗洛伊德认为，女孩子第一个爱的也是母亲，但是最后她们会因为各种被迫改变爱的对象，并对母亲产生恨意。

恋母情结是幼儿性欲发展的最后一个阶段，如果度过了这个阶段，孩子就会顺利进入成人的“性器性欲期”，拥有正常的心理。

相反，如果这种情结不到合理的解决，就会导致一系列心理问题的产生。什么是不合理的解决呢？包括过度的器官刺激、亲人的死亡、父亲的过度惩罚等。

一般而言，恋母情结不会持续太长时间，但是也有例外。一旦一个人在拥有了成人的性意识，但还没有消除恋母情结，那么此人会因为长期的“罪恶感”而导致心理上的异常。

卢西安·弗洛伊德

在弗洛伊德的后辈子孙中，卢西安·弗洛伊德是一位有相当成就的人物，他一位知名的画家。

卢西安·弗洛伊德，1922 年 12 月出生于柏林。此时，距第一次世界大战结束仅仅 4 年。他父亲是恩斯特·路德维希·弗洛伊德是弗洛伊德的小儿子。其母亲露西·布拉希是德国人。

卢西安·弗洛伊德的父亲是一位建筑师，曾经参加过第一次世界大战(之前曾经提到过，西蒙·弗洛伊德的三个儿子全部参加了第一次世界大战)。

1933 年 1 月 30 日，卢西安·弗洛伊德为了逃避德国纳粹的破坏，跟随爸爸来到了英国。他们来英国的时间要比弗洛伊德更早。

在第一次世界大战中，弗洛伊德家族遭遇到了异常灾难——卢西安·弗洛伊德的表哥在战争中死去；紧接着，在希特勒的屠杀中，他的伯父等人难逃厄运。可以说卢西安·弗洛伊德从一出生就见证和承受着“动荡的、灾难的、胜利的日子”。

1930 年，卢西安·弗洛伊德 7 岁的时候，弗洛伊德获得了终身成就奖“歌德文化奖”。当时随之而来的除了赞美声，还有反对的声音，更有甚者将弗洛伊德称为是“臭狗屎”、“蠢货”。爷爷惊世骇俗、备受争议的一生，想必对卢西安·弗洛伊德也有影响。

卢西安·弗洛伊德最后走上绘画的道路，与弗洛伊德也有直接的联系。

在他不忙的星期天，弗洛伊德就会带着孙子们去参观艺术博物馆。所以，卢西安·弗洛伊德很小的时候，就认识了许多名家的画作，尤其是伦勃朗的、布鲁盖尔的名画。

弗洛伊德的家庭很和谐，所以卢西安·弗洛伊德从小在一个非常好的环境中长大。这对于他的成长也是非常有利的。

弗洛伊德去世的那一年，卢西安·弗洛伊德开始进入绘画学校接受系统的绘画教学。不久之后，他就成为了一名职业画家。1944 年，年仅 21 岁的他在画廊举办了首次个人画展。

卢西安·弗洛伊德的作品并不多，在英文版的《弗洛伊德》中，一共收录了他 260 幅油画，其中有一半是头像，主要作品也就是 100 幅。

卢西安·弗洛伊德每画一幅作品都要花上半年、一年，或者更长的时间来创作。据说，他每天要工作 10 个半小时，勤奋的特点和他的爷爷很相似。

卢西安·弗洛伊德始终不相信几个小时能够画出一副好的作品，他相信只有精雕细琢，才会有好的作品。长时间的创作，才让他能够在各种条件下考察光线、形体，提取和归纳对象所给予的启示，有大量修改校正的机会。

卢西安年轻时的作品有超现实主义绘画的取向，例如，他在一副画中画的是“一匹马的头突然从墙面伸进了房间来”。他的这种创作习惯，可能与爷爷有关。1938 年的 7 月 19 日时，西班牙超现实主义画家萨尔瓦多·达利曾经来拜访过弗洛伊德，此人非常崇拜弗洛伊德，爱读《梦的解析》。达利以超现实主义的风格为弗洛伊德画了一幅素描。在这幅画中，他把弗洛伊德的头盖骨想象成一只蜗牛壳的残骸。弗洛伊德也对达利给予很高的评价。卢西安·弗洛伊德想必也与爷爷的这位朋友有过接触，这可能影响了他的绘画风格。

也有人说，卢西安·弗洛伊德在四五十年代初期的作品，在语言的风格上有写实派大师安格尔、丢勒、荷尔拜因等人的影子。但不管怎么说，卢西安·弗洛伊德在创造上都是吸收了各派的精华，最后达成了自成一派的目的。

卢西安·弗洛伊德特别擅长画人物肖像，英国女王伊丽莎白曾经请他为自己作画。从整体来看，卢西安·弗洛伊德的作品形体概括而有力，非常注意画作的几何构成。不管是画自己，还是画他的朋友，他都可以从中表现出极强的冲击力。

卢西安·弗洛伊德作品的另一个特点是常常出现植物与人物的组合或者动物与人物的组合。这种组合可能有一些心理学方面的含义，而这也肯定是受了爷爷的影响。甚至有人认为，他的画作是“弗洛伊德无意识领域的开拓在绘画领域中的推进”。

卢西安·弗洛伊德从来不画那些到学校靠裸露挣钱的职业模特，他认为那些人缺少心理上的变化。他画面中的人物都有自己的角色：画家、女儿、母亲、助手、保姆。在他的画作中，似乎可以看出被画的那个人，当时处于何种心理状态。这种对于人物心理的敏感，无疑是从弗洛伊德那里继承而来的。

和弗洛伊德一样，卢西安·弗洛伊德的作品中也充满了性的内容。在他的一副画中：一个年轻的男性张开双腿，仰面躺在沙发上，一个年轻的女画家，拿着画笔，低着头。这种画面无疑带有某种性的含义。再比如抱在一起的“双人体”等等，都与性有关。

弗洛伊德认为文化是性本能升华作用的结果，文艺创作是由于文艺家性经验的激发。这一年在他孙子的作品中体现的最为明显，如《与模特儿》、《自画像》等画作中，都有体现。

海德格尔认为，一件艺术作品除了是美的东西之外，还与真理有关。“艺术的本质或许就是：存在者的真理自行设置入作品……作品决不是对那些时时现存手边的个别存在者的再现。恰恰相反，他是对物的普遍本质的再现。”卢西安·弗洛伊德所追求的，正是这种境界，而且他也达成了这种境界。

弗洛伊德语录

1. 笑话给予我们快感，是通过把一个充满能量和紧张度的有意识过程转化为一个轻松的无意识过程。

2. 生命中唯一重要的事情是爱情和工作

3. 每个人都有一个本能的侵犯能量储存器。在储存器里，侵犯能量的总量是固定的，它总是要通过某种方式表现出来，从而使个人内部的侵犯性驱力减弱。

4. 人都有吮吸的欲望。

5. 对一个男孩来说，他的潜意识中有种对母亲的排他性占有欲，任何人，包括他的父亲，一旦对他构成威胁，他都会产生仇恨，甚至想杀掉他们。

6. 女人实在令人难以忍受，是永恒麻烦的源泉，但她们依然是我们所拥有的那一种类中最好的事物。没有她们，情形会更糟。

7. 人是一个受本能愿望支配的低能弱智的生物。

8. 我想不出比获得父亲的保护更强烈的儿童需要。

9. 你的眼睛疲倦了，累了，闭上你的眼睛。

10. 在人的潜意识里，人的性欲一直是处于压抑的状况，社会的道德法制等文明的规则使人的本能欲望时刻处于理性的控制之中。

11. 凡人皆无法隐瞒私情，尽管他的嘴可以保持缄默，但他的手指却会多嘴多舌。

12. 禁欲对身体是有害的，严重者男女皆可出现神经症病状，如失眠、食欲不振、性格孤僻、易发“无名火”等，这是一种性抑郁的表现。

13. 人类天生具有“弑父情结”，从一出生，他就注定要和父亲展开斗争，以摆脱被统治、被支配的地位，争取独立自由的权利，进而掌握家庭的主导权和社会的主动权。

14. 我们整个心理活动似乎都是在下决心去求取欢乐，避免痛苦，而且自动地受唯乐原则的调节。

15. 生物性即命运。

16. 感情的冲动更接近于基于性本能的欲望冲动。

17. 人生有两大悲剧：一个是没有得到你心爱的东西；另一个是得到了你心爱的东西。人生有两大快乐：一个是没有得到你心爱的东西，于是可以寻求和创造；另一个是得到了你心爱的东西，于是可以去品味和体验。

18. 梦是愿望的满足。

19. 道德感是人独特品质的一个组成部分。

20. 人体就是命运（解剖即命运）。

21. 人生就象弈棋，一步失误，全盘皆输，这是令人悲哀之事；而且人生还不如弈棋，不可能再来一局，也不能悔棋。

22. 任何五官健全的人必定知道他不能保存秘密。如果他的嘴唇紧闭，他的指尖会说话；甚至他身上的每个毛孔都会背叛他。

23. 人不是根本不相信自己的死，就是在无意识中确信自己不死。

24. 良心是一种内心的感觉，是对于躁动于我们体内的某种异常愿望的抵制。

25. 不要去了解女人，因为女人都是疯子。

26. “本我”过去在哪里，“自我”就应在哪里。

27. 幸福决不是文化的价值标准。

28. 一个在妈妈怀里受宠的孩子终生都会保持一种征服欲，那种成功的自信往往带来真正的成功。“本我”是马，“自我”是马车夫。马是驱动力，马车夫给马指引方向。“自我”要驾驭“本我”，但马可能不听话，二者就会僵持不下，直到一方屈服。

29. 人类世界就是一个悲剧。

30. 我坚信人类文明是以牺牲原始的本能为代价而创造出来的。

弗洛伊德年表

年 份	年 龄	大 事 记
1856 年		5 月 6 日生于(现属捷克的)摩拉维亚洲弗赖堡。
1859 年	3 岁	全家迁居莱比锡。
1860 年	4 岁	又迁维也纳。
1865 年	9 岁	进施帕尔中学学习。
1867 年	11 岁	因受《动物生命史》的影响，开始对自然科学产生了兴趣。
1872 年	16 岁	重游诞生地弗赖堡。
1873 年	17 岁	以优异的成绩毕业于施帕尔中学。秋考进维也纳大学医学院。
1875 年	19 岁	赴英国旅行，回维也纳后立志攻读医学。
1877 年	21 岁	3 月，发表鳗鱼生殖腺的形态与构造的论文；入恩斯特·布吕克生理实验室工作。
1878 年	22 岁	研究八目鳗幼鱼苗的脊髓。
1879 年	23 岁	研究淡水蟹的神经系统。
1880 年	24 岁	受维也纳大学历史系教授冈柏的委托，把英国哲学家、经济学家约翰·斯图亚特·密尔的著作译成德文。
1881 年	25 岁	获得医学学位。
1882 年	26 岁	4 月，与妹妹的朋友玛尔塔·贝尔纳斯邂逅，6 月中旬订婚。 7 月，进维也纳总医院工作。
1883 年	27 岁	5 月，进梅涅特负责的精神病科工作。
1884 年	28 岁	1 月，进神经科。 7 月，发表有关古柯碱的论文。
1885 年	29 岁	夏，离开维也纳总医院。 9 月，被任命为维也纳大学讲师。 10 月，得到一笔奖学金后前往巴黎，师从法国神经学家沙可。
1886 年	30 岁	2 月，自巴黎返国，途径柏林，去巴金斯基的诊所，了解儿童精神疾病方面的情况。 4 月，在维也纳开业行医。 5 月向“医学协会”汇报在沙可那儿的所见所闻。 秋，与贝尔纳斯结婚。
1887 年	31 岁	11 月，结识柏林医生弗里斯，结为好友。

续表

年份	年龄	大事记
1889 年	33 岁	夏天，前往法国南锡，进一步了解催眠法。 10 月，长女玛西黛诞生。
1891 年	35 岁	出版《论失语症》。 2 月，次子奥列弗诞生。全家搬到贝尔加泽街 19 号居住，直到 1938 年才离开。
1892 年	36 岁	三子恩斯特诞生。
1893 年	37 岁	次女苏菲诞生。 和布洛伊尔合作发表初论《癔病症状的心理机制》。
1894 年	38 岁	开始与布洛伊尔意见不合。
1895 年	39 岁	小女安娜诞生。 与布洛伊尔合写的《癔病的研究》出版。 7 月 24 日，对自己的梦境作了首次的分析。
1896 年	40 岁	与布洛伊尔彻底决裂。 10 月 13 日，父亲去世。
1897 年	41 岁	开始对自己进行精神分析。
1898 年	42 岁	反表有关幼儿性欲的理论。
1900 年	44 岁	《梦的解析》问世。
1901 年	45 岁	去向往已久的罗马观光。
1902 年	46 岁	被维也纳大学特聘为教授。 与阿尔弗雷德·阿德勒等 4 青年创办“星期三心理学研究组”。
1903 年	47 岁	与患难时的好友弗里斯交恶。
1904 年	48 岁	出版《日常生活中的心理病理学》。
1905 年	49 岁	出版《玩笑及其与无意识的关系》、《多拉的分析》和《性学三论》。
1906 年	50 岁	与弗里斯断绝关系。 开始与荣格通信联系。
1907 年	51 岁	演讲《创造性作家与昼梦》。 与荣格会面。 写《强迫观念活动与宗教仪式》。
1908 年	52 岁	4 月 27 日，第一届“国际精神分析大会”在萨尔茨堡召开。
1909 年	53 岁	9 月，应美国马萨诸塞州伍斯特市克拉克大学校长霍尔的邀请，与荣格等前去参加该校二十周年校庆活动，并作了精神分析学方面的系列演讲。自此，精神分析学在美国开始产生影响。

续表

年份	年龄	大事记
1910年	54岁	3月，在纽伦堡召开第二届“国际精神分析大会”，会上成立了“国际精神分析协会”，弗洛伊德安排荣格任首任主席。 写《列奥纳多·达·芬奇和他对童年时代的一次回忆》。
1911年	55岁	在魏玛召开第三届国际精神分析学大会。 秋，与阿德勒决裂。
1912年	56岁	与威廉·斯泰克尔决裂。 欧内斯特·琼斯等最忠实的支持者发起组织一个名叫“委员会”的小组，专门负责弗洛伊德的日常事务以及与外界联系方面的工作。
1913年	57岁	在慕尼黑召开第四届国际精神分析大会。 《图腾与禁忌》出版。
1914年	58岁	荣格推出精神分析协会。 发表《精神分析运动史》和《米开朗基罗的摩西》。
1915年	59岁	4月，发表《对战争与死亡时期的思考》等论文。 在维也纳大学开讲《精神分析引论》。 提出“心理玄学”的设想。
1916年	60岁	《精神分析引论》出版。
1918年	62岁	在布达佩斯召开第五届国际精神分析学大会。
1919年	63岁	在维也纳创办“国际精神分析出版公司”。
1920年	64岁	在海牙召开第六届国际精神分析学大会。 著《超越唯乐原则》。
1922年	66岁	在柏林召开第七届国际精神分析学大会。
1923年	67岁	4月，上颚发现肿瘤，做首次手术。 发表《自我与伊德》，提出新的人格理论。
1924年	68岁	在萨尔茨堡召开第八届国际精神分析学大会。
1925年	69岁	撰写《自传》。 在洪堡召开第八届国际精神分析学大会。
1926年	70岁	奥地利官方在弗洛伊德70岁寿辰时，首次通过广播介绍弗洛伊德的生平。
1927年	71岁	出版《幻觉的未来》。 在因斯布鲁克召开第十届国际精神分析学大会。
1929年	73岁	德国著名作家托马斯·曼发表《弗洛伊德与未来》的演讲，认为弗洛伊德是现代思想史上最重要的伟人之一。 《文明及其不满》出版。 在牛津召开第十一届国际精神分析学大会。

续表

年份	年龄	大事记
1930年	74岁	荣获歌德文学奖，因健康等原因，由女儿安娜·弗洛伊德前往法兰克福参加授奖仪式。
1932年	76岁	著《精神分析引论新编》。 在威斯巴顿召开第十二届国际精神分析学大会。
1933年	77岁	希特勒掌权，有关精神分析的书刊被禁。
1934年	78岁	在卢塞恩召开第十三届国际精神分析学大会。从这次大会开始，弗洛伊德因病情严重，已无法亲自参加。
1935年	79岁	当选为英国皇家学会通讯会员。
1936年	80岁	纳粹分子冻结"国际精神分析出版公司"财产。
1938年	82岁	3月，纳粹入侵奥地利，“国际精神分析出版公司”财产被全部查封。 6月，在欧内斯特·琼斯等人帮助下克服重重障碍，离开维也纳前往英国伦敦。 9月，接受最后一次手术治疗。
1939年	83岁	3月，《摩西与一神教》出版。 9月23日，在伦敦去世。